호모 부디스티쿠스

불교적 인간

고영섭 지음

신아사

불교적 인간
호모 부디스티쿠스

책머리에

이렇게 만나게 되어 반갑습니다. 이 만남은 인류의 지혜를 담고 있는 불교 경전을 쉽고 명료한 오늘의 언어로 풀어나가기 위해 마련된 것입니다.

지난 세기만 해도 우리는 한자라는 언어를 중심으로 생각하면서 살아왔습니다. 그런데 지난 세기 이래 금세기는 국문과 한문을 혼용했던 과도기를 지나 내내 한글(국문) 중심의 시대 속에 있었습니다. 그 결과 우리는 우리 문화의 단절과 일탈을 경험하였습니다.

하지만 아직도 우리들에게 많은 가르침을 주시는 분들은 한자문화권 속에서 살고 있는 '한자세대'입니다. 때문에 '한자세대'와 '한글세대' 간의 정서적 연대감을 확인하고 넓혀가는 작업이 절실한 때입니다.

새로운 세기에 들어선 지금 우리에게 필요한 것은 두 세대 간의 정서적 공감대를 넓히고 지속시키는 '다리 놓기' 작업입니다. 이러한 '느낌의 띠'를 공유하려는 생각에서 이 "경전이야기"와 "불서이야기"를 시작하려고 합니다.

2010년 5월 5일
始堂居士

불교적 인간

호모 부디스티쿠스

차 례

1부 경전 이야기

불교적 인간

호모 부디스티쿠스

차 례

2부 불서 이야기

프롤로그

'불교적 인간'으로 사는 것

1. 어떠한 마음을 가져야 하는가?

불교 공부는 '발심'(發心)에서 비롯되어 '서원'(誓願)에서 마감됩니다. 발심은 '발아뇩다라삼먁삼보리심'(發阿耨多羅三藐三菩提心)의 줄임말인 '발보리심'(發菩提心)을 거듭 줄인 말입니다. 그 뜻은 '위없이 바르고 평등한 바른 깨달음[無上正等正覺]을 얻으려는 마음을 일으키는 것'입니다. 본디 공부란 '몸의 단련'을 통해 학문이나 기술을 자기 몸속에 체화시키는 것입니다. 불교 공부 역시 붇다의 가르침을 머리와 가슴을 넘어 온몸으로 체화하는 과정을 말합니다.

'불교적 인간'은 붇다의 가르침인 '중도 연기'에 대한 사무친 통찰을 통해서 새롭게 태어난 존재입니다. 연기(緣起)는 나의 존재성을 연(緣)이라는 타자를 통해서 규정하는 원리입니다. 중도는 연기법대로 사는 삶의 방식입니다. 해서 이 연기를 온몸으로 체화하여 사는 존재를 저는 '이타적 인간' 혹은 '보살적 인간' 또는 '호모 부디스티쿠스'라는 학명으로 부릅니다.

호모 부디스티쿠스는 연기를 온몸으로 깨달은 인간입니다. 그는 오늘의 자신이 있도록 도와준 모든 인연들에게 자신의 성취를 되돌려주기를 서원하는 존재입니다. 동시에 그는 보다 많은 이들을 '이익'되게 하고 '안락'하게 하기 위해 끊임없이 묻고 배우는 존재입니다. 그는 자기가 모르는 것을 묻고 배우기 위해서는 시간과 거리를 문제 삼지 않는 사람입니다.

때문에 불교 공부를 하는 불(제)자는 '자기'만을 생각하는 이기적 자신과의 치열한 싸움에서 승리하는 존재입니다. 다시 말해서 그는 '자신'이라는 울타리를 넘어서서 타자를 배려하며 살아가는 이타적 존재입니다. 그렇게 살 때 비로소 곧 발심하고 서원하는 마음가짐을 지닌 존재라고 할 수 있으며, 불교적 인간으로 사는 사람이라고 할 수 있습니다.

2. 왜 불교 공부를 해야 하는가

제가 말하는 '호모 부디스티쿠스'는 추상적인 존재가 아닌 구체적인 인간입니다. 그는 '자기가 버리지 않은 휴지 한 장을 남을 의식하지 않고 지속적으로 줍는 사람'입니다. 나아가 '지하철 선로에 떨어진 취객(醉客)을 차마 망설임 없이 뛰어내려 건져내는 존재'입니다. 이것은 그가 머리와 가슴을 넘어 온몸을 던져 연기(緣起)대로 사는 존재이기 때문에 가능한 것입니다.

불교적 인간은 중도 연기의 가르침을 육화해 사는 존재입니다. 아울러 그는 진지함과 겸허함과 성실함을 삶의 주요한 가치로 여기며 사는 인간입니다. 그는 자기 내면을 숙성시키고 발효시키는 공부를 하고 있습니다. 이는 곧 밖을 향해 뻗어가는[散亂, 掉擧] 마음과 안으로 가라앉는[惛沈] 마음을 넘어 중정(中正)의 마음으로 숙성시키고 발효시키는 것입니다. 해서 불교 공부는 이해(利害)와 시비(是非)와 선후(先後)와 경중(輕重) 등등의 이항을 넘어서서 마음을 단련하고 지혜를 터득하는 것입니다.

이러한 마음을 지니기 위해서는 '밥 먹을 때는 밥 먹는 일만' 하고, '똥 눌 때는 똥 누는 것 만'하는 '-만'과 '-뿐'의 지혜를 억념(憶念)해야 합니다. 그리고 그것이 일상에서도 변함없이 유지될 때 우리는 그것을 '깨달음'이라고 부를 수 있을 것입니다. 저는 평소부터 불교 공부는 이러한 것이어야 한다고 생각하고 있습니다. 제 공부의 밑천을 숙성시키고 발효시키기 위해 졸시 두 편을 써 보았습니다.

> 덜 삭은 술은 떫다/ 너무 익은 감은 시다/ 나는 떫지도 시지도 않은 삶을 꿈꾸며/ 오늘도 항아리 속에서 발효되어 본다.// (졸시, 「숙성」)
>
> 『화엄경』「입법계품」 속의 동자가/ 눈 밝은 선지식을 찾아다니며/ 묻고 배운 것들을 가르쳐 준다/ 내 궁한 살림살일 환기시키며// 하심은 바닥에서 시작된다고/ 극기는 엉덩이로 하는 거라고/ 밑천이 떨어져야 길 떠난다고/ 바닥이 드러나야 공부한다고.//
>
> (졸시, 「밑천– 善財童子의 구도기행을 빌어」)

3. 가장 좋은 공부 방법은 '바닥'에서 '엉덩이'로 하는 것

모든 공부는 물음과 배움에서 비롯됩니다. 여기서 물음은 저의 근본에 대한 의문입니다. 그리고 배움은 의문을 해결한 이들로부터의 습득과정입니다. 저의 의문은 '저는 누구이며, 어디서 와서, 어디로 가는가'에서 시작됩니다. 제가 생겨날 수 있었던 것은 세 가지 조건의 화합에 의해서였습니다.

미래에 제 아버지와 어머니가 될 두 사람이 성관계를 맺고 있었습니다. 저는 때마침 임신주기가 되었고 제 업식에 들어맞는 향기를 지닌 현재의 부모를 선택했습니다. 그렇다면 '부모가 태어나기 이전 저는 누구이며 어디서 왔을까요?'[父母未生前, 本來面目]. 이러한 물음의 과정을 거쳐 저는 비로소 존재의 근원을 배우게 됩니다.

공부는 '바닥'에서 '엉덩이'로 해야 한다는 것이 저의 지론입니다. 바닥은 아상(我想)을 버리게 하고 '하심'(下心)의 길을 일깨워 줍니다. 또 엉덩이는 참을 수 없이 가볍게 사는 삶을 버리고 자기와의 싸움인 '극기'(克己)의 길을 가르쳐 줍니다. 선방에서는 엉덩이에 장판 때를 얼마나 묻혔느냐로 수행의 이력을 판단합니다. 2, 30대의 제 엉덩이는 장판 위에서 한동안 떨어지지 않았습니다.

그 시절 저는 다니던 절에서 밤을 꿰뚫고 용맹정진 했습니다. 절여오는 다리와 몰아치는 졸음과 싸우면서 저는 밤새 내내 '무자' 화두를 들었습니다. '무란 무엇인가', '무란 무엇인가라고 하는 그것은 또 무엇인가'로 끝없이 이어지는 의단(疑團)을 들고 저는 정진했습니다. 그 때 비축해 두었던 제 엉덩이의 힘으로 저는 오늘을 버티고 있습니다.

4. 불교 공부를 통해 어떻게 서원할 것인가

불교의 중도(中道)는 가장 올바른 길이며 두 극단을 넘어서는 지혜의 활로입니다. 불교적 인간은 상호의존성[緣起性]의 통찰로부터 비고유성[無自性性]과 비실체성[空性]을 거쳐 상호존중행[慈悲行]의 삶을 사는 존재입니다. 즉 '뭇 인연들의 화합에 의해 생겨난 존재'[衆緣和合所生]인 '중생'(衆生)이라는 속성 자체에 이미 자비행의 근거가 확보되어 있습니다.

『화엄경』「입법계품」의 주인공 선재가 53명의 선지식을 찾아가는 과정은 불교 공부의 전모를 보여주고 있습니다. 문수보살로부터 보현보살에 이르기까지의 선재동자의 구도 역정은 불교 공부의 진면목을 보여주고 있습니다. 그는 어린 동자이기에 가능한 '하심'과 '극기'의 마음가짐을 우리에게 유감없이 보여주고 있습니다.

불교 화엄은 이러한 호모 부디스티쿠스적 삶을 '내 살갗을 벗겨 종이로 삼고[剝皮爲紙] / 내 뼈를 쪼개 붓을 삼으며[析骨爲筆] / 내 피를 뽑아 먹물로 삼아[刺血爲墨] / 경전을 베껴 써서[書寫經典] / 수미산만큼 쌓더라도[積如須彌] / 진리를 소중히 여기므로[爲重法故] / 내 몸과 목숨을 아끼지 아니하는'[不惜身命] 것이라고 역설하고 있습니다. '발심'과 '서원'의 진리를 소중히 여기기에 내 몸과 목숨을 아끼지 아니하는 이 같은 구도자의 삶이 있을 때 우리 사회는 더욱더 아름답게 될 것입니다.

저는 요즈음 학생들과 선재(善財)동자의 물음과 배움의 과정에 동참하면서 '몰랐던 것을 알게 되는 기쁨'을 만끽하고 있습니다. 거기에서 저는 선재의 발심이 커다란 맹서와 다짐으로 귀결되고 있음을 체감하고 있습니다. 선재의 서원 역시 그 자신을 다 던지는 지점에서 이루어지는 것임을 배우고 있습니다. 따라서 '새롭게 알게 된 것'(지혜)을 '다함께 나누는 곳'(복덕)에서 불교 공부는 비로소 완성되는 것이라고 저는 믿게 되었습니다.

1부 경전 이야기

지혜의 숲 말씀의 숲

『숫따니빠따』(經集)

지상에는 40억 년 전에 생명체가 탄생되었습니다. 생명계 역시 단세포 생물로부터 비롯되어 다세포 생물-어류-파충류-양서류-포유류-영장류 등의 복선적인 구조로 진화해왔습니다. 이 가운데에서 영장류는 우리 인간들의 조상입니다. 2300만 년 전쯤에 살았던 영장류의 조상은 드리오피테쿠스였습니다. 그러다가 1400~800만 년 전의 라마피테쿠스를 거쳐 인간의 직계조상인 오스트랄로피테쿠스가 500만 년 전에 출현했습니다.

여기에서 출현한 인간은 호모 에렉투스(도구쓰는 인간)로부터 시작되어 호모 사피엔스(생각하는 인간)-호모 파베르(만드는 인간)-호모 루덴스(놀이하는 인간)로의 진화를 통해 인간(인종) 중심주의를 펼쳤습니다. '류'개념에서 '종'개념으로의 이행은 많은 부정적 요소를 탄생시켰습니다. 그 결과 생태와 환경의 문제가 비롯되었습니다. 그러나 진화론은 한편으로는 인간 중심주의의 폐해를 환기시키는 역할을 했습니다.

인간의 학문도 발전적 진화를 거듭하고 있습니다. 불(교)학 역시 마찬가지 입니다. 불(교)학은 인간의 무늬(人文)와 결(紋)이 배어있는 인문학(인간학+고전학)입니다. 모든 학문은 인간과 세계의 본질을 탐색하는 인간학입니다. 고전학은 인간의 보편성이 깊이 투영되어 있는 학문입니다. 사람의 결은 인간학과 고전학을 포괄하는 인문학의 숲에서 비로소 통찰할 수 있습니다. 나무들의 덩어리(묶음)이자 생명의 에너지가 충만해 있는 숲은 인도인들의 수행처였습니다. 때문에 숲은 모든 에너지 생성의 공간이자 온축의 공간이었습니다. 지혜의 숲이자 말씀[經]의 숲인 『숫따니빠따』(經集) 역시 이러한 숲속에서 인간과 세계의 무늬(결)를 통찰한 경전입니다.

불교경전은 부처님의 깨달음의 내용을 담은 그릇입니다. 불경은 모두 네 번의 편찬회의(결집)를 거쳐 만들어졌습니다. 부처님의 열반 직후 왕사성 칠엽굴에서 500명의 장로비구들에 의해 승인된 것이 1차 결집이었습니다. 대가섭의 사회와 우바리(율)와 아난다(경)의 암송에 의해 이루어진 것이었습니다. 다시 100여년 이후 상가의 율을 해석함에 있어 분란이 일어났습니다. 그래서 '야사와 700명의 비구들에 의해 비사리성에서 2차 결집된 것은 밧지족 비구들이 주장하는 열 가지 일(10事)은 정법에 맞지 않는다[非法]'고 판결하고 확정한 율장이었습니다. 다시 목갈리뿟따 티싸(帝順) 1000여명의 비구들에 의해 화씨성에서 3차로 결집된 것은 논장이었고, 이 때에 비로소 삼장이 문자화 되었습니다. 그 이후 부처님 입멸 600여년에 협존자와 500비구에 의해 4차 결집된 것은 삼장에 관한 주석(해설)서였습니다.

이렇게 편찬된 것이 인도에서의 경전 편찬회의(결집) 과정이었습니다. 이후 금세기에 들어 미얀마(버어마)에서 5차와 6차 결집이 있었습니다만 우리에게는 잘 알려져 있지 않습니다. 일반적으로 경전은 여섯 가지의 형식을 갖추어야(成就) 비로소 경전으로서의 권위를 지니게 되어 있습니다. 우리가 경전에서 접하는 '이와같이'[如是 : 信성취] '저는 들었습니다'[我聞 : 聞성취] '한 때에'[一時 : 時성취] '부처님께서'[佛 : 主성취] '사위국 기수급고독원에서'[在舍衛國 祇樹給孤獨園 : 處성취] '큰 비구스님 천이백 오십인과 함께 하셨습니다'[與大比丘衆 千二百五十人 俱 : 衆성취]라는 여섯 가지 조건을 만족해야만 했습니다.

그런데 첫째 이야기에서 다루는 이 『경집』은 이러한 경전의 일반적인 형식과는 다른 경전입니다. 이 경전은 결집회의 이전부터 구전되어오는 것을 기원 3세기 경에 기록한 가장 오래된 불경입니다. 그 때문에 부처님의 목소리 그대로가 배어 있습니다. 여기에는 철학적인 요소가 거의 없습니다. 그야말로 우리들의 일상생활에 도움이 될 경구(잠언)집입니다. 이 잠언집을 소리내어 읽으면 잔잔한 파동이 일어납니다.

『숫따니빠따』는 『담마빠다』(法句經)와 함께 부처님의 육성이 배어있는 희귀한(?) 경전입니다. 우리가 알고 있는 일반적인 경전과는 판이하게 다르다는 점에서 입니다. 이 경전은 모두 다섯(5) 장, 일흔 두(72) 묶음[品], 일천 일백 사십 아홉(1149) 편의 노래(시)로 이루어져 있습니다. 부처님의 말씀이 지닌 특징이 병에 따라 약을 주는 것[應病與藥]이듯이 일흔 두 묶음의 노래들은 듣는 사람의 상황에 따라[隨機] 시적인 형식을 빌어 설한 것들입니다. 때문에 특별한 제목을 붙이지 않고 청자의 상황과 정황에 따라 즉흥적으로 읊은 시들이 대부분입니다. 그래서 경전의 이름도 그냥 '말씀(Sutta)의 숲(Nipatta, 모음)'이라고 불렀던 것입니다.

여기에는 노래(시)에 딸려있는 후렴과 다양한 비유와 인생의 깊은 예지가 담겨 있습니다. 첫 장에는 열 두 묶음, 이백 스무 편의 노래가 모여 있습니다. 그 내용은 한결같이 수행자로 하여금 헛된 욕망과 집착에서 벗어나라고 노래하고 있습니다. 마치 '뱀이 묵은 허물을 벗어 버리듯이' 말입니다. 그래서 흔히 이 첫 장을 '뱀의 장'이라고 명명하기도 합니다만, 사실은 이 비유의 후렴은 부처님이 설하는 메시지의 일상적인 삶속으로의 '강력한 축구'의 의미가 있을 뿐 뱀에 대해 얘기하는 장은 아닙니다.

저 연못에 들어가 연꽃을 꺾듯
애욕을 완전히 끊어 버린 사람은
이 언덕과 저 언덕을 모두 떠난다
뱀이 묵은 허물을 벗어 버리듯 (2)

첫 장 첫 묶음의 노래에서는 분노와 애욕, 욕망과 교만, 무명과 미움과 부귀영화, 잡념과 게으름 등 수행자들이 가지기 쉬운 치우친 생각들을 '뱀이 묵은 허물을 벗어버리듯' 강력하게 없애버릴 것을 촉구합니다.

인간은 모두 그 자신의 행위에 의해
천한 사람이 될 수도 있고
귀한 사람도 될 수 있느니 (136)

이 노래의 메시지는 『담마빠다』에 나오는 내용과도 같습니다. 불교는 수행자 자신이 주인공임을 가르칩니다. 하지만 나약한 사람은 감히 자신이 주인공임을 알지 못합니다. 출신성분이나 기득권은 고정된 것이 아니라는 것입니다. 부처님의 가르침은 자신의 행위에 의해 얼마든지 자신을 변화시킬 수 있다는 사실을 일깨워주고 있습니다.

두 번째는 길이가 짧은 노래의 장입니다. 여기에는 열 네 묶음, 일백 여든 세 편의 노래가 들어 있습니다.

번뇌의 더러움을 버리고 자만에서 풀려나
이 모든 탐욕을 정복해 버린 사람 (370)

불교에서는 온갖 번뇌의 덩어리를 버리고 자기라는 강박관념에서 벗어난 사람, 모든 탐욕을 무너뜨린 사람을 올바른 구도

자라고 합니다. 그런 사람은 어디에 있습니까? 우리들 자신이 그래야 될 것 아니겠습니까?

세 번째는 길이가 긴 노래의 장입니다. 여기에는 열 두 묶음, 삼백 예순 두 편의 노래가 모여 있습니다.

> 음식을 먹을 때는 마땅히 칼날의 비유를 잊지 말라
> 혀와 맛을 잘 절제하고
> 너무 포식하지 않도록 조심하라 (716)

현실적 인간 못지않게 수행자의 길에 있어서도 먹거리는 중요한 것입니다. 칼날에 묻은 꿀을 핥을 때는 혀가 베이지 않도록 조심해야 됩니다. 베푸는 이의 물건을 받아 쓸 때는 번뇌의 더럽힘이 없어야 한다는 것입니다.

네 번째는 짧은 시의 장입니다. 여기에는 열 여섯 묶음, 이백 열 편의 노래가 모여 있습니다. 이 장에서는 수행자들이 경계해야 될 욕망과 집착과 투쟁 등에 대해 노래하고 있습니다. 『숫따니빠따』는 온전히 한역되지는 못했습니다. 하지만 이 제4장인 '시의 장'(Atthakavagga)은 오(吳)나라 초기(기원 223~253년 사이)에 월지국의 우바새였던 지겸(支謙)에 의해 한역되어 『불설의족경』(佛說義足經)으로 역출되었습니다.

다섯 번째는 피안의 노래의 장입니다. 이 장에서는 열 여덟 묶음, 일백 일흔 네 편의 노래가 모여 있습니다. 마지막 장인 이 장에서는 비교적 대화의 형식을 빌고 있습니다. 스승과 여러 명의 제자가 묻고 답하는 과정을 통해 참다운 수행의 길이 노래되고 있습니다.

이처럼 『숫따니빠따』는 지혜의 말씀으로 가득 차 있습니다. '모든 것을 아시는 분'(一切智者)께서 수행에 관한 이론과 실제에 대해 생생하게 들려주고 있습니다. 여타의 경전에서는 볼 수 없는 형식과 내용이 담겨 있는 이 『경집』은 우리들의 추상화된 불교 인식의 거품을 걷어내고 '진리의 속살'이 드러내는 환희를 맛보게 하는 경전입니다. 이러한 기쁨을 맛본 뒤에야 비로소 '내 살갗을 벗겨 종이로 삼고 / 내 뼈를 쪼개 붓을 삼으며 / 내 피를 뽑아 먹물로 삼아 / 수미산만큼 경전을 베껴 쓰더라도 / 진리를 소중히 여기기 때문에 / 내 몸과 목숨을 아끼지 않으련다'(40권 화엄, 「入不思議解脫境界普賢行願品」)는 선재동자에게 건네주는 보현보살의 절절한 설법이 우리 가슴에 쟁쟁쟁 울려올 것입니다. '말씀의 숲'은 바로 나에게 주는 부처님의 생생한 선물 꾸러미인 것입니다.

금강의 언어 불멸의 언어

『담마빠다』(法句經)

문화란 문자 그대로 '글이 되는 것을 말합니다. 여기서 글이란 어떠한 사물에 대한 '이름 짓기' 즉 '개념화''(conceptualization)입니다. 그리고 개념화 과정은 곧 '세계관'[觀]과 '보는 방식'[見]을 만드는 과정이기도 합니다. 때문에 문화 창조자는 사물뿐만 아니라 개념을 만들어내는 사람입니다. 동양에서는 이름을 붙이는 사람, 즉 '문화의 인식틀을 만들어 내는 사람'[作者]을 '성인'이라 불렀습니다[謂聖].

이런 의미에서 인간이 직립을 통해 언어를 발견하고 자유로운 손을 통해 도구를 발명해낸 것은 인류사에서 가장 커다란 문화적 사건인 것입니다. 인간은 '직립'을 통해 성대의 발달을 촉진시킴으로써 대뇌를 자극시켜 가장 짧은 시간 내에 만물의 영장이 되었습니다. 동시에 손을 통해 도구를 만들어냄으로써 문명을 탄생시켰습니다. 도구는 문명의 최소단위이며 언어는 문화의 최소단위입니다.

인간은 자신의 손으로 만들어낸 이 도구에다 이름을 붙였습니다. 이름 짓기를 통해 비로소 우리들의 의식 속에 사물이 탄생되었던 것입니다. 이와 같이 언어는 개념이면서 문화 그 자체입니다. 불교문화는 불교의 담론을 만들어내는 것에서부터 출발합니다.

여기에서 얘기할 『담마빠다』(법구경)는 바로 깨어지지 않는 '금강의 언어'이자 사라지지 않는 '불멸의 언어'를 모아놓은 경전입니다. 『숫따니빠따』(經集)와 『우다나』(無問自說經) 등과 함께 가장 오래된 형태의 경전인 『담마빠다』는 기원전 2세기경에 살았던 달마뜨라따(法救)가 불교 경전과 자이나교 경전 및 인도의 옛 문헌에서 빼어난 구절만을 엄선하여 엮은 것으로 알려져 있습니다.

모두 스물 여섯(26) 장, 사백 스물 세(423)편의 시구로 된 이 『법구경』은 현재 동남아 지역에 널리 통용되고 있는 오부 니까아야(尼柯耶) 중 다섯 번째인 소부(열 다섯 부)경전의 두번째에 담겨 있습니다. 인도 갠지스강 부근의 중류지방에 있던 마가다국(오늘날의 비하르주)의 말이었던 쁘라아끄리띠어는 평민들이 주로 사용하던 구어체 언어였습니다.

부처님은 열 여섯 나라 가운데에서 가장 강대국이었던 이 마가다국에서 마흔 해 가까이 설법하셨습니다. 그때 주로 사용한 말이 상류층의 언어였던 싼스끄리뜨보다는 국제적 통용어인 마가다어와 서민들의 언어이자 속어인 쁘라아끄리띠어였습니다. 마가다어 역시 대중적인 속어의 일종이었습니다. 부처님의 열반 이후에 쁘라아끄리띠어는 불교성전의 통용어인 빠알리어로 전승되었습니다. 불교의 영향이 커지자 이 빠알리어는 당시의 공식법령과 문서에서 사용되기도 했습니다.

그런데 부처님의 설법언어인 마가다어가 현존하는 빠알리어 문헌 속에 일부 남아있는 것으로 보아 두 속어인 마가다어와 쁘라아끄리띠어는 서로 용인될 수 있는 부분이 매우 컸던 모양입니다. 이런 점은 오히려 빠알리어 경전 편찬자들이 부처님 자신이 사용했던 마가다어의 형태를 어느 정도 보존함으로써 그 경전에 권위를 부여하려 했을 것이라 생각됩니다. 왜냐하면 후대에 결집된 싼스끄리뜨 불경의 가아타아(偈頌) 부분에서 빠알리어를 사용하고 있는 것처럼, 마가다어도 속어로서 나타나기 때문입니다.

'진리(法)의 언어(句)'인 『담마빠다』 역시 『숫따니빠따』(經集)처럼 구어체로 된 시입니다. 문어체와 달리 구어체는 '살아있는' 말입니다. 펄펄 살아뛰는 금강석과 같은 언어의 느낌을 간직하기 위해서는 소리내어 읽어야 합니다. 이 스물 여섯 장은 바로 그렇게 읽도록 구성되어 있습니다.

『법구경』은 두 행위의 대비로부터 출발합니다. 첫 번째 장(雙

敍品)에서는 긍정(~하면)과 부정(~하지 않으면)의 대비를 통해 수행자로 하여금 긍정적인 행위를 촉구하고 있습니다. '지붕이 허술하면 비가 새듯이/ 잘 닦이지 않은 마음에/ 탐욕은 걷잡을 수 없이 스며드나니'(13구)라고 전제하면서도 '허나 지붕이 튼튼하면 비가 새지 않듯/ 잘 닦인 마음에는/ 탐욕이 결코 스며들지 못하나니'(14구)라고 그것을 넘어설 수 있는 길을 동시에 제시하고 있습니다.

인간은 두 가지의 극단을 통해 초월을 배울 수 있습니다. 극단의 과정을 '경험'하지 않고 곧바로 초월로 가기는 참으로 어려운 일입니다. 경전에서 말하는 긍정은 부정의 상대인 긍정을 넘어선 새로운 긍정입니다. 즉 긍정과 부정의 긴장과 탄력을 넘어서는 지점에 중도로서의 새로운 긍정이 생겨나게 되는 것입니다.

불교에서는 언제나 이 두 극단을 여의고 중도의 길로 나아가도록 이끌고 있습니다. 때문에 '미움은 미움으로 정복되지 않으며/ 미움은 오직 사랑으로써만 정복되나니/ 이것은 영원한 진리니라'(5구)고 하면서 미움을 넘어선 포괄적인 사랑을 노래하고 있습니다. 이 장의 형식이 허술함과 단단함, 미움과 사랑 등 이항 대립의 구조로 되어있기 때문에 한역경전에서는 이를 '대구(對句)의 장' 또는 '두 가지 서술의 장' 「雙敍品」이라 이름 붙였습니다.

두 번째 장 방일품(「放逸品」)과 세 번째 장 심의품(「心意品」)

역시 '절제된 생활'과 '무절제한 생활', 마음에 대한 긍정적인 면과 부정적인 면을 대비하여 노래하고 있습니다. 네 번째 장 향화품(「華香品」)은 들꽃의 비유를 통해 죽음의 손아귀에서 벗어난 불멸의 세계를 노래하고 있습니다. 다섯 번째 장 우암품(「愚闇品」)과 여섯 번째 장 현철품(「賢哲品」)은 어리석은 이와 현명한 이를 대비하여 노래하고 있습니다. '잠 못 드는 사람에겐 밤이 길듯이/ 지친 나그네에겐 길이 멀듯이/ 불멸의 길을 찾지 못한 저 어리석은 이에겐/ 너무나 길고 지겨운 이 삶이여'(60구) 라고 하면서도 '저 견고한 바위가/ 센 바람에도 전혀 움직이지 않듯이/ 칭찬과 비난의 바람 불어와도/ 현명한 이는 거기 절대로 흔들리지 않느니'(81구)라고 다시 부릅니다. 어두운 사람과 밝은 사람의 차이는 종이 한 장과 같이 가깝습니다. 진실하게 살아가려는 사람은 비난을 두려워 말며, 칭찬을 기꺼워하지 말아야 합니다. 칭찬과 비난에 귀 기울이면 이미 진실한 사람이라 말할 수 없습니다.

일곱 번째 장 아라한품(「阿羅漢品」)은 거룩한 성자인 아라한에 대한 노래이며, 여덟 번째 장 술천품(「述千品」)은 백 또는 천의 숫자로 시작하고 있기 때문에 붙여진 이름입니다. 이 장에서는 자신과의 싸움에 대해 노래하고 있습니다. 이 장에서는 '전쟁터에 나가/ 백 만 명의 적과 싸워 이기는 것보다/ 자기 자신과 싸워 이기는 것이야말로/ 가장 위대한 승리거니'(103구) 라고 하면서 아울러 '끊임없이 자기 자신을 정복하고/ 자기 자신을 지혜롭게 다스려 가는 사람을'(104구), '신들도 악마조차도 / 이 세상의 어느 누구도/ 이제 그를 정복할 수 없나니'(105구)라고 노래하고 있습니다.

자신과 싸워 이기는 것만큼 어려운 일이 어디 있겠습니까? 부처님이 되기 위해서는 자기 자신과의 전쟁에서 승리자가 되어야 합니다. 모든 불제자의 스승이신 석가모니 부처님은 위대한 포기를 통해 자기 자신을 이긴 분입니다.

아홉 번째 장 악행품(「惡行品」)과 열 번째 장 도장품(「刀杖品」)은 선행을 권하고 악행을 징벌하며, 벌을 줄 때나 죄를 지을 때나 칼이나 몽둥이를 사용하는 인간이 지닌 폭력성에 대해 비판하고 있습니다.

> 비록 수행자의 낡은 옷을 입지 않았더라도/ 지극히 평화롭게 살아가며/ 매사에 긍정적이고 자기 절제와 신념이 있는 사람/ 살아있는 생명을 함부로 해치지 않는 사람이/ 진정한 구도자요 수행자이니 (142)

진정한 구도자나 수행자에게는 외모와 장소가 문제되지 않습니다. 참다운 수행자와 구도자는 마음이 평화로운 사람이며 지극히 '평범한' 사람입니다. 유마거사의 모습이 그것을 말해주고 있습니다. 열한 번째 장 기로품(「老耄品」)에서는 늙어감에 대해서, 열 두 번째 장 기신품(「己身品」)은 자기 자신을 다스리는 방법에 대해 노래하고 있습니다. 열세 번째 장 세속품(「世俗

品」)에서는 덧없는 세속의 꿈에서 깨어나 불멸의 길을 가라고 노래합니다. 열네 번째 장 불타품(「佛陀品」)은 깨달은 이에 대해 노래하고 있습니다. 깨달은 이는 어떠한 흔적을 남기지 않습니다. 몸과 말과 생각으로 지은 행위도 완전연소되어 사라져 버립니다.

> 악한 일을 하지 말고[諸惡莫作] 착한 일을 하라[衆善奉行] / 그대 마음을 언제나 순수하게 지녀라[自淨其意] / 이것이 깨달은 이들의 가르침[是諸佛敎]이니(183구)

과거 일곱 부처님이셨던 비바시불-시기불-비사부불-구류손불-구나함모니불-가섭불-석가모니불이 모두 함께 경계해 준(七佛通誡偈) 시구입니다. 이 게송은 평범한 일상 속에 진리가 자리하고 있음을 잘 말해주고 있습니다.

열다섯 번째 장 안락품(「安樂品」)과 열여섯 번째 장 애호품(「愛好品」)은 행복과 쾌락에 대해, 열일곱 번째 장 분노품(「忿怒品」)과 열여덟 번째 장 진구품(「塵垢品」)은 분노와 더러움에 대해 노래하고 있습니다. 열아홉 번째 장 주법품(「住法品」)과 스무 번째 장 도행품(「道行品」)은 정의와 진리에 대해, 스물한 번째 장 광연품(「廣衍品」)은 여러 가지에 대해, 스물두 번째 장 지옥품(「地獄品」)은 여러 가지와 어둠의 심장인 지옥에 대해 노래하고 있습니다.

스물세 번째 장 상유품(「象喩品」)은 화살을 맞고도 그 고통을 참고 견디는 코끼리를 통해 구도자에게 날아오는 비난의 화살을 잘 참고 견디는[忍辱] 수행을 촉구하는 노래가 모여 있습니다. 스물네 번째 장 애욕품(「愛欲品」)과 스물다섯 번째 장 비구품(「比丘品」)은 욕망과 비구수행자에 대한 노래입니다. 마지막 스물여섯 번째 장 바라문품(「婆羅門品」)은 브라만, 즉 전통적 수행자상에 대해 새롭게 규정하고 있습니다.

이처럼 『담마빠다』는 금강의 언어로 수행자가 지니는 욕망을 깨뜨리고 '그대의 스승은 그대 자신이요/ 그대 자신이 바로 그대 자신의 피난처이니/ 저 마부가 말을 길들이듯/ 그대는 그대 자신을 길들여야 하느니'(380구)라고 말하고 있습니다.

『숫따니빠따』가 '무소의 뿔처럼 혼자서 가라'고 말한다면 『담마빠다』는 모름지기 수행자는 '화살 맞은 코끼리처럼 참고 견디며 묵묵히 내 길을 가라'고 말합니다. 모든 구도자와 수행자에게 피가 되고 살이 되는 금강의 언어, 불멸의 언어인 『담마빠다』는 느슨해진 우리들의 마음속에 욕망의 바람이 불어오지 않도록 몸가짐을 단단히 가다듬게 해줍니다. 이 경전은 부처님의 가르침이 평범한 일상 속에서 어떻게 설해지고 있는가를 잘 보여주고 있습니다. 경전 중의 경전인 『금강경』의 첫머리에 부처님의 '밥먹는 일'[茶飯事]이 나와 있는 의미를 우리는 알아야 할 것입니다.

인연의 경전 권청의 경전

『대본경』(大本經)

한 수행자가 보리수 아래 앉아 있었습니다. 그는 오직 생(로병)사의 문제를 해결하기 위해 깊은 선정에 들어있었습니다. 먼저 그는 고통(苦聖諦)이 어떻게 전개(유전연기, 集聖諦)되는가를 살펴보았습니다. 무명으로부터 비롯된 행이 식 → 명색 → 육입 → 촉 → 수 → 애 → 취 → 유 → 생으로 전개되어 노사가 생겨남을 간파했습니다. 허망한 생각이 일어나는 원인과 과정을 여실하게 알았던 것입니다. 그래서 그는 고통을 소멸하기 위해 십이연기의 각 지를 거꾸로 되짚어 갔습니다. 노사가 비롯된 까닭을 좇아가 보니 생 → 유 → 취 → 애 → 수 → 촉 → 육입 → 명색 → 식 → 행에서 비롯된 무명을 없애면 고통을 없앨 수 있음을 알았습니다. 그는 고통이 전개되는 연기(流轉門)의 통찰 위에서 망념으로부터 비롯되는 고통을 소멸하는 연기(還滅門,

滅聖諦)에 대한 확신을 얻었습니다. 중도인 팔정도(道聖諦)는 이러한 통찰을 통해서 얻은 가장 올바른 삶의 방식이었습니다. 여기에서 그는 연기의 법칙을 발견하였습니다.

이렇게 깨달음을 얻은 한 수행자(붇다)에 의해 인류사는 새롭게 전개되었습니다. 때문에 생사의 문제를 벗어난 '완전한 인간'으로서 붇다는 탄생하였던 것입니다. 하지만 붇다는 고뇌했습니다. 갈애와 무명에 젖어있는 뭇삶들에게 자신의 깨달음을 온전히 전한다는 것은 불가능하다고 생각하였습니다. 이때 범천이 붇다의 고뇌를 간파하고 설법을 적극적으로 권하고 청하는 상황을 담은 경전이 『장아함경』 제1분에 들어있는 「대본경」입니다.

하늘세계를 다스리는 범천이 부처님께 깨달음을 전해달라고 권청하는 내용이 담긴 경전은 몇 종류가 됩니다. 이 중에서 『장아함경』「대본경」과 같은 갈래의 내용을 담은 경전은 『잡아함경』 44권 제1188경입니다. 그 외에도 『맛즈히마 니까야』 제1권 제49경과 이에 대응하는 『중아함경』 제19권 제78경인 「범천청불경」 등에는 '죽음'의 문제를 주제로 마신(魔神)과 바카 범신(梵神)과 부처님의 대화가 실려 있습니다. 이 경의 끝에는 범신이 부처님께 설법을 권청하는 것으로 마무리되고 있습니다.

세존은 '연기의 바다는 참으로 깊다. 감히 함부로 들어오지 못한다'고 말합니다. 또 '연기를 보는 자는 나를 보고, 나를 보는 자는 법을 본다'고 설합니다. 뿐만 아니라 세존은 '연기법은 내가 만든 것도 아니요, 또한 다른 사람이 만든 것도 아니다. 그러므로 그것은 여래가 세상에 나오거나 세상에 나오지 않거나 법계에 항상 머물러 있다'고 말합니다. 부처님은 이러한 연기의 법칙을 과연 현실적 인간들이 알아들을 수 있을까를 고민합니다.

> (내가) 얻은 바른 법은 너무나도 깊고 미묘하여 비록 저들을 위하여 설명하더라도 저들은 반드시 그것을 알아듣지 못할 뿐 아니라 도리어 어지러움을 느낄 것이니 나는 차라리 잠자코 있어 법을 설하지 않으리라.

이 경문에는 깨달음 이후에 전도에 대해 갈등하는 부처님의 모습을 볼 수 있습니다. 결국 부처님은 갈등 속에서 나와 진리의 가르침을 펴게 됩니다. 그것은 범천의 권유와 청유에 의한 것이라고 경문은 말하고 있습니다.

> 원컨대 세존이시여! 때를 보아 법을 설하소서. 지금 이 중생들은 업장이 엷고 모든 감각기관은 영리하고 공경하는 마음이 있어 교화하기 쉽습니다. 그리고 뒷 세상에서 구제할 수 없는 죄를 두려워하여 모든 악한 법을 멸하고 착한 길에 태어나게 해 주시기를 바라나이다.

경문을 보면 범천은 현실적 인간들을 가급적 긍정적으로 묘사하고 있습니다. '업장이 엷고 감각기관이 영리하고 공경하는 마음이 있다'고 말입니다. 부처님은 범천의 권청에도 불구하고 곧바로 법을 설하지 않습니다. 부처님은 현실적 인간들의 깜냥

(근기)에 대해 깊이 회의하고 있습니다. 탐냄과 성냄과 어리석음에 젖어 진리의 빛을 보지 못하는 인간들이 과연 이 깊은 '바다'에 들어오지 못하리라고 염려합니다. 그러자 범천은 거듭 설법을 청합니다. "세존이시여! 만일 (세존께서) 설법하시지 않는다면 이 세상은 무너질 것입니다. 그것은 참으로 가엾은 일입니다. 오직 원컨대 세존께서는 지금 곧 설법하시어 저 중생들로 하여금 악한 세계로 떨어지지 않게 하소서!"

그래도 세존은 끄덕도 하지 않습니다. 뭇삶들의 눈높이를 너무나 잘 아시는 세존은 범천의 권청에도 침묵을 지키고 있습니다. 범천이 재삼 권청합니다. "오직 바른 법이 있어서 여래는 스스로 깨달아 바르고 평등한 깨달음을 성취하셨으니 여래께서는 그것을 마땅히 공경하고 존중하며 받들어 섬기고 공양하시며 그것에 의지해 살아가셔야 할 것이옵니다."

그러자 세존은 부처의 눈으로 세계를 관찰한 뒤 중생들을 가엾이 여겨 감로의 법문을 폅니다. 『잡아함경』에는 부처님의 회의가 얼마나 지극하였는지를 잘 보여주고 있습니다. 전법을 단념하고 싶을 정도로 번민하는 붇다의 뇌 속을 우리는 잘 들여다 볼 수 있습니다. 아울러 범천의 권유와 청유가 얼마나 지극하였는지를 꿰뚫어 볼 수 있습니다. 범천은 부처님에게 진리의 말씀을 설해 주기를 권유하고 청유하면서 동시에 부처님의 깊은 회의를 위로하고 있습니다. '깨달음을 마땅히 공경하고 존중하며 받들어 섬기고 공양하시며, 그것에 의지해 살아가셔야 한다'고 말입니다. 처절한 범천의 권청이 있었지만, 세존이 뭇삶들을 향해 사자후를 연 것은 오직 중생들을 향한 부처님의 '대자비심' 때문이었습니다.

범천이 이처럼 지극하게 세존의 설법을 권청한 것은 붇다 당시의 종교계에서 올바른 종교의 출현이 얼마나 절실히 요청되고 있었던가를 보여주는 것이라 할 수 있습니다. 이는 당시의 대표적인 종교였던 바라문교와 일반사상계의 교설이 얼마나 형이상학적이고 번쇄하며 비현실적이었는지를 읽을 수 있는 부분이기도 합니다.

이『대본경』에는 과거 7불 사상이 투영되어 있습니다. 이는 칠불 사상이 언제부터 비롯되었는지를 추적할 수 있는 좋은 단서이기도 합니다. 부처님은 여러 비구들에게 이렇게 설합니다.

> "비구들이여! 지금부터 91겁 전에 비바시 여래지진(如來至眞)이라는 부처님이 있어 이 세상에 나오셨다. 그 다음에 지금부터 31겁 전에 시기 여래지진이라는 부처님이 있어 이 세상에 나오셨다. 비구들이여! 또 그 다음에는 저 31겁 중에 비사바 여래지진이라는 부처님이 있어 세상에 나오셨다. 비구들이여! 또 그 다음에는 현재의 현겁 중에는 구루(류)손이라는 부처님과 구나함이라는 부처님과 가섭이라는 부처님이 세상에 나오셨다. 그리고 나도 지금 이 현겁 중에서 가장 바른 깨달음을 이루었다."

비바시-시기-비사바[부]-구류[루]손-구나함[모니]-가섭-석가모니불로 이어지는 과거 칠불 사상은, 법신-보신-화신 또는 자성신-수용신-변화신으로도 구분되는 삼신 사상과 함께 대승불교의 주요한 교설입니다. 역사적 존재로서의 붇다는 샤카족의 성인인 석가모니 한 사람입니다. 그런데 대승불교에서는 불타에 대해 깊이 연구했습니다. 시간적으로는 과거(장엄겁)-현재(현겁)-미래(성수겁)의 부처로 삼분하고, 공간적으로는 법신-보신-화신 또는 자성신-수용신-변화신으로 설명하였습니다.

시간적으로 삼분된 부처는 다시 과거 연등불-현재 석가모니불-미래 미륵불로 구분되지만, 지난 세상에 출현한 과거불을 좀더 자세히 나눠보면 일곱 부처로 구분됩니다. 일곱 부처 중 앞의 세 부처를 과거 장업겁에 나툰 부처라 하고, 뒤의 네 부처는 현재 현겁의 부처라 하며, 아직 오지 않은 미래 성수겁에는 미륵불이 나툰다고 합니다.

하지만 미륵경전에서는 이와 좀 다릅니다. 우리가 사는 이 세상의 현겁에 오신 부처가 구류손불-구나함모니불-가섭불-석가불이며, 미래 성수겁에 다섯 번째로 오실 부처가 미륵부처라는 것입니다. 미륵 계통 경전에서는 과거 장엄겁의 부처를 제외하고, 현재 현겁의 4불과 미래 성수겁의 1불을 세워 모두 다섯 부처를 설정했기 때문입니다.

그런데 우리 민족의 바이블인 『삼국유사』 「탑상」편의 기록대로 지금도 경주 황룡사 법당터에는 '가섭불 연좌석'이 있습니다. 이 연좌석은 역사적 존재이자 불교의 창시자인 석가모니불(현재불)의 고국인 인도보다 먼저 신라에는 이미 과거 여섯 번째 부처인 가섭불이 와서 설법을 하였던 자리라는 것입니다. 즉 석가모니불 이전의 부처인 가섭불이 이미 신라에 와서 불연을 맺었다는 것입니다. 다시 말해서 인도보다 먼저 이미 신라에는 불교가 전해져 있었다는 것입니다.

이러한 설화는 신라 흥륜사 금당 10성이었던 안함과 자장 등의 노력에 의해 보편화된 이야기입니다만, 불교가 비롯된 서(천)축보다 더 먼저 불연을 맺은 국토를 신라로 설정함으로써 우리나라를 '서축'과 맞서는 '동축'(울산 동축사)으로 드높이 세웠던 것입니다. 이것이 바로 신라불교, 즉 한국불교가 머금고 있는 종합성과 독창성의 뿌리입니다. 이는 조선시대에 중화(중국)를 닮고자하여 스스로 '소중화'라고 명명한 사대적 발상하고는 차원이 다른 자긍심인 것입니다.

『대본경』은 현재불인 석가모니불이 과거 여러 부처님들을 언급하면서 자신의 정체성을 드러내는 교설입니다. 여기에는 과거 6불의 설법 행장을 빌어 자신의 얘기를 하는 불경의 독특한 화법이 드러나 있습니다. 이러한 화법은 『본생경』 등의 문체와도 닮아 있습니다. 때문에 과거 6불의 전법행장이 석가모니불과 오버랩(중첩)되기도 하고 때로는 대상화되기도 합니다. 이것은 모두 과거 7불 사상과 3신 사상의 영향이라고 생각됩니다. 즉 역사적 존재로서의 한 부처만이 아니라 시공간적으로 입체화시킨 불교의 독특한 사유방식이 투영되었기 때문입니다.

『대본경』이 부처님의 일대기를 담는 '본연부'와 관련되는 '큰 인연경'이라는 의미를 머금고 있는 것처럼, 이 경에는 성인이 현실적 인간들이 사는 사바세계와 관계(인연) 맺는 과정이 잘 나타나 있습니다. 뿐만 아니라 범천의 권유와 청유에 의해 설법을 하는 세존의 모습이나 과거 6불과 석가모니불과의 관계가 긴밀하게 설해지고 있습니다.

아함부의 서두인 장아함경의 첫 번째에 실린 『대본경』은 근본경전인 아함경의 무게 뿐만 아니라, 그 스타트 라인(출발선)에 자리매김 되어있다는 점에서 앞선 여러 눈 밝은 분들의 안목이 느껴지는 경전입니다. 모든 책의 서장이 차지하는 '문제의식' 또는 '화두'가 이 『대본경』에는 배어있기 때문입니다. 거기에는 반드시 편집자의 의도가 깔려 있겠지만 말입니다.

우화의 경전 교훈의 경전

『백유경』(百喩經)

양의 동서를 막론하고 헤아릴 수 없는 시간과 공간의 무게를 견디고 오늘날까지 살아남아 있는 고전 속에는 비유가 가득차 있습니다. 특히 부처님의 말씀 속에는 이러한 비유들이 즐비하게 등장합니다. 가히 비유를 가장 잘 활용한 분이 부처님이라 할 만합니다. 아흔 여덟 가지의 비유와 교훈으로 엮은『백유경』은 우리들의 현실 속에 살아있는 예화들로 수놓고 있습니다.

인간의 역사는 말 그대로 언어의 역사에 비례합니다. 그것은 인간의 삶 자체가 언어가 머금고 있는 시공의 영역과 겹쳐있기 때문입니다. 언어학자들은 인간의 언어에는 사유가 투영되어 있다(훔볼트)고도 하고, 언어는 인간의 사상을 표현하는 기호로서의 의미만을 지닌다(소쉬르)고도 말합니다. 언어의 연금술이라 할 레토릭(수사학)은 독자의 마음을 어떻게 움직이고 설득시킬 것인가에 관심을 갖고 말이나 문장을 꾸며서 보다 묘하고 아름답게 표현하는 기술(웅변술)입니다.

어떻게 하면 화자(필자)의 메시지를 청자(독자)에게 제대로 전달할 수 있을까 하는 것은 고래의 인간들에게 가장 주요한 화두였습니다. 때문에 이러한 표현과 설득에 필요한 능란하고도 다양한 방식의 효과적인 언어 사용 방법을 연구하는 학문이 예로부터 성했던 것입니다. 왜냐하면 커뮤니케이션(의사소통)의 문제는 언어적 동물이자 연기적 동물인 인간에게 있어 가장 '뜨거운 상징'이었기 때문입니다.

전이(轉移)의 여러 가지 형식을 우리는 일반적으로 비유라고 부릅니다. 그 중에서도 직유는 전이가 가능하거나, 이미 일어났다고 은유가 가정하는 곳에서 전이를 꾀합니다. 또 은유는 원관념과 보조관념이라는 두 의미를 지닌 어사로 구성되며 문자상의 의미를 떠나서 비유적인 의미로 언어가 전향(轉向)된 것들이란 의미를 지닙니다. 그리고 환유는 어떤 사물이 그 사물과 관련된 다른 어떤 것을 대신하기 위하여 전이되는 것을 말합니다.

비유가 수사법 가운데에서 언제나 언술의 중심적인 형식에 있었던 것은 바로 이러한 '교훈'과 '설득'을 위한 가장 좋은 기제였기 때문입니다. 부처님은 '지혜로운 사람은 비유로 말미암아 해득하게 되는 것과 같다'(『잡아함경』)고 말합니다. 이것은 비유 이전의 상황에 대한 정확한 통찰 위에서만 새로운 정황에 맞는 비유를 사용할 수 있다는 것을 말합니다.

현대 수사학에서 비유는 은유와 환유의 형식으로 일반화되어 있지만, 동서양의 고전에서 가장 많이 차용하고 있는 수사학의 장르는 아무래도 직유와 은유라 할 수 있습니다. 그 이유는 아마도 '설득의 장치'로서 직유와 은유가 머금고 있는 강력한 효용 때문일 것입니다.

『백유경』은 5세기경 인도의 수행자였던 상가세나(僧伽斯那)가 저술한 것입니다. 모든 불경이 부처님의 직설은 아닙니다만, 부처님의 가르침의 정신(中道) 위에서 설해진 것은 경전의 권위를 인정받아 경화(canonize) 되었습니다. 이 『백유경』 역시 불제자 상가세나가 부처님의 가르침을 설하기 위한 전제로서 원용하는 아흔 여덟 가지 우화와 교훈으로 구성되어 있습니다.

이 경전은 492년에 상가세나의 제자 구나브릇디(求那毘地)에 의해 네 권으로 한역되었습니다. 한역대장경 안에는 이 경과 같은 의도로 편찬된 네 종류의 『잡비유경』과 『중경찬집비유경』이 전해지고 있습니다. 이들 경에 실려 있는 이야기들은 인도의 가장 아름다운 설화집으로 알려진 『까타사릿 사가라』(소마데바 찬술, 11세기)에도 자주 등장하고 있으며, 인도의 유명 문학작품에서도 훌륭하게 형상화되어 있습니다.

『백유경』의 설법 대상은 주로 일반 대중입니다. 이따금 다른 종교인과 출가수행자, 그리고 제왕을 상대로 설해진 것도 있습니다. 아흔 여덟 가지 이야기는 비교적 쉽고 재미있는 것으로 꾸며진 부분(우화)을 일상적인 '범부'의 일로 비유하여 현실의 경계로 삼는 부분(교훈)으로 짜여져 있습니다.

먼저 앞부분에는 현실적 인간들이 자주 범하는 우화가 나옵니다. 그리고 뒷부분에는 우화에 대한 상가세나의 해설이 등장합니다. 흔히들 앞부분에 우화가 먼저 나오기 때문에 그 우화에 초점이 있는 듯 생각하기 쉽습니다만, 사실 우화는 뒷부분에 실려있는 상가세나의 교훈을 뒷받침하기 위한 전제로 설정된 것입니다.

하지만 상가세나의 해설을 먼저 보지 말고 우화를 통해서 자신의 눈으로 메시지의 핵심을 짚어보는 것이 좋습니다. 그래야만 청자(독자)의 가슴 속에 불설(佛說)의 정신이 새록새록 깊이 새겨질 것입니다.

『백유경』의 첫 우화는 어느 집 주인이 주는 음식이 너무 싱겁다고 많은 소금을 넣어 먹고 입맛이 틀어져 병이 나고 말았다는 어리석은 사람 이야기(1喩)입니다. 상가세나는 우화의 비유를 통해 이러한 바른 삶의 교훈으로 이끌고 있습니다. 외도들이 음식을 절제하여야 깨달음을 얻을 수 있다는 말을 듣고 7일 또는 보름 동안 음식을 끊었더니 배만 고파지고 깨달음을 얻는 데에는 아무 이익이 되지 못했다는 일을 제시합니다. '우화'와 '교훈'은 바로 여기에서 대비됩니다.

저 어리석은 사람은 소금이 맛있다고 그것만 먹어 병이 난 것처럼 잘못된 견해에 빠져 그것에만 집착하게 되면 본성을 잃어버리고 병을 얻게 된다는 것입니다. 앞부분의 우화는 뒷부분의 교훈을 드러내기 위한 장치입니다. 때문에 바른 견해[正見]에 의지해 살아가야만 참다운 삶이 이루어진다고 일깨우고 있습니다.

모든 일은 때와 장소에 따라 해야 할 때(것)와 하지 말아야 할 때(것)가 있기 마련입니다. 보관과 변미(變味)를 지레 걱정하여 제때에 소젖을 짜지 않음으로써 소젖이 말라버린 소에게서 더 이상 젖을 짜지 못했다는 어리석은 사람 이야기(2喩)에서는 적절한 시기의 보시에 대한 필요성을 강조하고 있습니다. 어리석은 사람은 '내게 재물이 쌓인 뒤에 한꺼번에 보시하리라'고 생각하지만 재물을 모으기도 전에 수재나 화재, 혹은 도적을 당하거나 갑자기 목숨을 마치는 때도 있어 적절한 시기에 보시를 하지 못하는 것과 같다는 것입니다.

『백유경』에는 이런 우화도 나옵니다. 남의 부인의 코를 베어다가 자기 아내의 흉한 코를 잘라낸 자리에 붙이려 했으나 그 코가 붙지 않아 아내의 코를 잃고 큰 고통을 주었다는 어리석은 남편의 이야기(28喩) 입니다. 이 우화는 남의 권위만큼 자신도 권위가 있다고 한 것이 거짓말이 되고 죄가 되어 이익도 잃고 다시 그 행을 해치게 되는 것을 경계하고 있습니다.

또 이런 예화가 나옵니다. 뱀의 꼬리와 머리가 서로 앞서 가려고 싸웠습니다. 머리가 앞에서 가려고 하자 꼬리는 나무를 감고 버텼습니다. 결국 머리가 양보하자 꼬리가 앞에서 몸을 이끌고 가다가 불구덩이에 떨어져 타 죽었다는 이야기입니다.

상가세나는 이 이야기(54喻)를 통해 스승과 제자 사이를 빗대어 말합니다. 스승은 나이가 많다고 하여 언제나 앞에 있기를 좋아하고, 제자인 젊은이들은 우리가 길잡이가 되어야 한다고 말합니다. 결국 계율에 익숙하지 못한 젊은이가 앞장섰지만 언제나 계율을 범하다가 모두를 지옥으로 끌고 들어간다고 일깨우고 있습니다. 오랜 경험과 높은 수행이 일의 선후를 결정하는 데에 중요하다는 사실을 알려주는 교훈입니다.

떡 하나 때문에 도둑맞은 부부에 관한 우화(67喻)도 있습니다. 떡 세 개를 서로 나누어 먹던 부부가 하나 남은 떡 앞에서 내기를 했습니다. '누구든지 말을 하면 이 떡을 먹을 수 없다'고 말입니다. 조금 있다가 그 집에 도적이 들어왔습니다. 도적은 재물을 훔치고 심지어는 남편 앞에서 아내를 겁탈하려고까지 했습니다. 아내가 '도적이야'하고 외쳤으나 남편은 그것을 보고 아무 말도 하지 않았습니다. 아내는 '이 어리석은 사람이여, 어쩌면 떡 한 개 때문에 도적을 보고도 외치지 않습니까' 하였습니다.

그때서야 남편은 손뼉을 치고 웃으면서 말하였습니다. '아 이제 이 떡은 내 것이다'라고 말입니다. 범부들은 조그만 이름이나 이익을 위해서 거짓으로 잠자코 고요히 있습니다. 더욱이 헛된 번뇌와 갖가지 악한 도적의 침략을 받아 선법을 잃고 세 가지 나쁜 길[三惡道]에 떨어지면서도 조금도 두려워하지 않고 출세할 길만 구하려 합니다.

뿐만 아니라 오욕[財色食名睡]에 빠져 놀면서 아무리 큰 괴로움을 당하더라도 환란이라 생각하지 않습니다. 위의 남편처럼 말입니다. 이 우화에 등장하는 남편은 바로 현실적 인간인 우리들의 모습입니다. 눈앞에 보이는 현실적 이익만을 위해서 치달려가는 모습 말입니다.

나머지 여러 이야기들 역시 일상적인 '범부'의 현실로 비유됩니다. 저자는 거기에서 참다운 삶을 위한 교훈을 이끌어 내고 있습니다. 『백유경』은 '현실적인 예화'를 들어 교훈으로 이끌고 들어가는 경전이라는 점에서 특별합니다. 대부분의 경전이 다 그러하지만, 이 경전에 나오는 이야기들은 우리들 주위에서 자주 접할 수 있는 일상의 일입니다. 그 때문에 추상화된 대승경전과는 다른 구체적인 일면이 있습니다.

아흔 여덟 가지의 예화와 비유를 통해 상가세나가 말하고자 했던 것은 바로 마지막 이야기 뒤에 적혀 있습니다. "내가 이제 이 글(論)을 지을 때/ 실없는 우스운 말을 한데 뒤섞어/ 진실한 말[佛說]을 해친 것 같지만/ (중략)// 마치 쓰고도 독한 약물을 달콤한 석밀과 한데 섞으면/ 그 약은 온갖 병을 부수는 것처럼/ 이 논도 또한 그와 같나니//(중략)// 부처님의 바른 법은 극히 고요해/ 이 세상을 밝게 비춰 주나니/ 토하여 내리는 약 먹은 것 같고/ 타락처럼 몸 속을 부드럽게 하네//

나는 지금 이런 이치로/ 극히 고요한 것을 파헤치나니/ 그것은 마치 저 아가다(진실) 약을/ 나뭇잎에다 싼 것 같아라/ 약을 취해 상처에 바른 뒤에는/ 그 나뭇잎은 도로 버려라// 우스개 말은 잎으로 싼 것 같고/ 진실한 이치 그 속에 있나니/ 지혜로운 사람은 바른 이치 취하고/ 우스개 말은 버려야 하리니//"라고 말입니다.

범부들의 욕망과 과욕, 무지와 교만 등을 일깨워주는 『백유경』의 예화는 불교의 가르침이 현실을 떠나 있지 않다는 것을 잘 보여줍니다. 저자인 상가세나는 바른 삶(교훈)을 일깨워 주고자 어리석은 사람들의 이야기(우화)를 앞서 얘기하고 있습니다. 만일 교훈을 먼저 얘기 한 뒤 우화를 뒤에다 편집하였다면 이 경전의 의미는 반감되고 말았을 것입니다.

모든 경전은 그 시대의 산물입니다. 하지만 거기에는 시공을 넘어서는 부처님의 지혜가 담겨 있습니다. 그 때문에 경전으로서의 권위를 부여받습니다. 『백유경』 역시 방편(우화)을 전제한 뒤 진실(교훈)을 드러냄으로써 '있는 것'(존재)과 '있어야 할 것'(당위)의 간극을 최소화 하려는 보편성의 축을 머금고 있는 경전이라 할 수 있습니다. 이점은 곧 불설의 보편성과 그 맥이 닿아 있습니다.

발고(拔苦)의 경전 여락(與樂)의 경전

『전유경』(箭喩經)

붇다의 가르침은 '괴로움을 덜어내고 즐거움을 건네주는'[拔苦與樂] 것이라고 말할 수 있습니다. 우리 눈앞에 닥쳐 있는 '괴로움으로부터의 해탈'이 불교의 출발이자 끝이라 할 수 있습니다. '괴로움을 덜어내고 즐거움을 건네주는' 가르침을 설하는 『전유경』은 '독묻은 화살의 비유'를 통하여 몸서리쳐지는 현실적 인간의 고통문제를 일깨워주는 경전입니다.

인간의 괴로움이란 다른 말로 하면 아픔입니다. 그 아픔은 괴로움의 뿌리에서 성장한 통증입니다. 여기에서 말하는 아픔에는 물리적(육체적)인 아픔만이 아니라 심리적(정신적)인 아픔까지 포괄되어 있습니다. '아, 나는 괴롭다'라고 할 때 그 괴로움의 정체는 정신적인 것만은 아닙니다. 그 괴로움은 반드시 나의 피부에 와 닿는 육체적인 아픔까지 동반하는 것입니다.

보살이 중생의 아픔을 자기의 아픔으로 느끼는 것도 마찬가지의 원리일 것입니다. 심리적 고통이든 심미적 고통이든 마찬가지일 것입니다.

불교에서는 인간의 근원적인 고통을 흔히 네 가지 혹은 여덟 가지로 나누어 표현합니다. 즉 태어나는 괴로움, 늙어가는 괴로움, 병들어가는 괴로움, 죽어가는 괴로움의 네 고통이 근본적인 고통입니다. 네 가지 고통 모두가 '~가는'과 같은 진행형입니다. 우리의 삶이 진행형이듯이 말입니다.

이 네 가지 괴로움에다 다시 사랑하지만 여의어야 하는 괴로움[愛別離苦], 아무리 노력해도 성취하지 못하는 괴로움[求不得苦], 미워하지만 만나야 하는 괴로움[怨憎會苦], 존재를 구성하는 오온이 치성하여 생기는 괴로움[五陰盛苦]을 보태어 여덟 가지 고통으로 표현합니다. 인간의 삶 속에서 경험하는 고통의 가지수는 셀 수 없이 많습니다. 하지만 존재의 근원적인 고통은 크게 보아서 이 여덟 가지로 나눠볼 수 있습니다.

부처님은 바로 이 생(로병)사의 문제를 해결하기 위해 '위대한 포기'(Great renunciation)를 결행한 분입니다. 흔히 세상을 지배하는 세 가지 힘으로 권력과 재력과 매력을 말합니다. 권력과 재력은 황손이나 왕손으로 태어나면 가능한 것일 수 있습니다. 하지만 매력은 출신성분만으로는 성취할 수 없는 지극히 후천적인 노력에 의해 가능한 것입니다.

부처님 역시 '위대한 포기', 즉 권력과 재력과 여색을 버리고 오롯이 자신의 화두인 생사문제의 해결을 위해 6년의 고행을 거쳐 다시 삼칠일(21일, 또는 6년) 동안의 선정 수행 속에서 연기의 법칙을 깨달았던 것입니다. 그것은 고통이 전개[流轉]되는 길과 고통을 소멸[還滅]하는 길을 통찰하는 것이었습니다. 연기의 발견은 인간과 세계를 통찰한 결과였습니다. 그리고 곧 인간적인 매력의 성취 바로 그것이었습니다. 그 결과 부처님은 '완전한 인간', '매력의 인간'이 되었던 것입니다.

고통은 바로 세상의 본질[四聖諦]을 바로 보지[正觀] 못하는 무명에서 비롯되었습니다. 그래서 무명을 없애는 과정 속에서 연기의 법칙을 깨달았던 것입니다. 다시 말하면 연기의 이법을 모르고 행위하는 것이 곧 고통의 원인이었습니다. '나'의 상속과 나의 실체가 없다[無常, 無我]는 사실을 모르고 나에 얽매여 고통의 바다에서 자맥질하는 것이었습니다.

중아함경군의 마지막 부분에 실려 있는 『전유경』은 불교의 메시지를 가장 극명하게 보여주는 경전입니다. 여기에는 불교의 출발선과 현실 문제를 바라보는 시선이 어디에 있는지 잘 드러나 있습니다. 또 단견과 상견에 얽매여 있는 한 수행자를 통해 참다운 견해가 어떤 것이며, 형이상학에 대해서 불교가 어떻게 대응하는지를 보여주고 있습니다.

부처님의 교단에 만동자(말룽캬뿟따)라는 수행자가 있었습니다. 그는 고요한 곳에서 혼자 선정에 들어 있다가 갑자기 이런 생각을 하였습니다. "'세존께서는 세상은 영원한가, 영원하지 않은가. 세상은 유한한가, 무한한가. 목숨이 곧 몸인가, 몸이 아닌가. 여래는 마침이 있는가, 마침이 없는가. 여래는 마침이 있지도 않고, 마침이 없지도 않은가'라는 이러한 소견들을 다 젖혀 두시고 전연 말씀하지 않으신다. 나는 그것을 원하지 않고, 나는 그것을 참을 수 없으며, 나는 그것을 옳게 여기지 않는다. 만일 세존께서 나를 위하여 한결같이 세상은 영원하다고 말씀하신다면 나는 그분을 따라 범행(청정 수행)을 배우리라. 그러나 만일 세존께서 나를 위하여 한결같이 세상은 영원하다고 말씀하시지 않으신다면 나는 그를 힐난한 뒤 그를 버리고 가리라.(하략)"

이렇게 다짐한 만동자는 해질녘에 선정에서 일어나 부처님께 나아갔습니다. 만동자는 '자신의 생각'을 부처님께 여쭈었습니다. 그러면서 그는 "이러한 소견에 있어서도 만일 세존께서 한결같이 이것은 진실이요, 다른 것은 허망한 말이라고 알으시거든 세존이시여, 저를 위하여 말씀하여 주소서. 그러나 만일 세존께서 한결같이 이것은 진실이요, 다른 것은 허망한 말이라고 알지 못하시거든, 나는 알지 못한다고 바로 말씀하여 주소서"라고 말합니다.

세존께서는 "내가 이전에 혹 너를 위하여 세상은 영원하다고 말하였기 때문에 너는 나를 좇아 범행을 배우는가"라고 몇차례 되묻습니다. 만동자는 아니라고 반복해서 말합니다. 세존께서는 다시 "나도 이전에 너에게 말한 일이 없고 너도 또한 이전에

내게 말한 일이 없는데, 너 어리석은 사람아, 어찌하여 그대는 부질없이 나를 모함해 비방하느냐?"라고 말합니다.

세존께서는 "만일 어떤 어리석은 사람이 '만일 세존께서 나를 위하여 한결같이 세상은 영원하다고 말씀하시지 않으신다면 나는 세존을 좇아 범행을 배우지 않으리라'고 생각한다면 그 어리석은 사람은 마침내 그것을 알지 못한 채 그 중간에서 목숨을 마치고 말 것이다"고 말하십니다.

그러면서 하시는 말씀이 바로 '독 묻은 화살의 비유'로 설하는 『전유경』입니다. "마치 어떤 사람이 몸에 독 묻은 화살을 맞아 그 독화살로 말미암아 지극히 심한 고통을 받을 때에 그 친족들은 그를 가엾이 생각하여 불쌍히 여기며, 그의 이익과 안온을 위해 곧 의사를 청하였다. 그러나 그 사람은 '아직 뽑아서는 안 됩니다. 나는 먼저 화살을 쏜 그 사람은 어떤 성 · 어떤 이름 · 어떤 신분이며, 키는 큰 가 작은가, 살결은 거친가 고운가, 얼굴빛은 검은가 흰가, 혹은 검지도 않고 희지도 않은가, 찰제리족인가 혹은 바라문 · 거사 · 공사의 종족인가, 동방 · 서방 · 북방 어느 쪽에 있는가를 알아야 하겠다'고 한다면, … (중략) 그 사람은 마침내 그것을 알지 못한 채 그 중간에서 목숨을 마치고 마는 것과 같다 …."

그러면서 세존께서는 이렇게 말합니다. "세상은 영원하다고 나는 한결같이 그렇게 말하지 않는다. 무슨 까닭으로 한결같이 그렇게 말하지 않는가. 그것은 이치에 맞지 않고, 법에 맞지 않으며, 또 범행의 근본이 아니어서 지혜로 나아가지 않고, 깨달음으로 나아가지 않으며, 열반으로 나아가지 않기 때문이다. (중략)"

이러한 전제 위에서 부처님은 네 가지 성스러운 진리[四聖諦]를 설하십니다. "그러면 나는 어떠한 법을 한결같이 말하는가. 나는 이런 이치를 한결같이 말하나니, 곧 괴로움(苦)과 괴로움의 원인[苦習]과 괴로움의 멸함[苦滅]과 괴로움을 멸하는 길의 자취[苦滅道跡]이니, 나는 이것을 한결같이 말한다. 무슨 까닭으로 나는 이것을 한결같이 말하는가. 이것은 이치에 맞고[義相應] 법에 맞으며[法相應] 또 이것은 범행의 근본[梵行本]으로서 지혜로 나아가고[智趣], 깨달음으로 나아가며[覺趣], 열반으로 나아간다[涅槃趣]. 그러므로 나는 한결같이 이것을 말한다. 이것이 말하지 않아야 할 것은 말하지 않고[是爲不可說者, 則不說] 말하여야 할 것은 말한다[可說者, 則說]고 하는 것이다. 너희들은 마땅히 이렇게 가지고 배워야 하느니라."

금세기의 빛나는 지성을 자랑하는 서양의 분석철학자 비트겐슈타인은 이런 애기를 했습니다. '나는 말할 수 있는 것은 말하고 말할 수 없는 것은 말하지 않는다'고 말입니다. 이 말은 인간의 인식능력의 한계에 대한 통찰 위에서 한 말입니다. 그는 인간의 인식능력 한계 안에서는 '그 무엇'이 있다고 확언할 수도 없지만 또 그러한 것은 없다고 단언할 수도 없는 것이라고 말합니다.

그래서 그는 어차피 언어적으로 적절하게 표현할 수 없는 것을 있다든지 없다든지, 또는 그것이 어떠어떠하다든지 설명하는 것은 결국 말할 수 없는 것에 관해 말하는 것이라고 말입니다. 그래서 그는 그것에 대해서 알 수 없다고 단언하는 회의주의나 혹은 아무렇게나 말해도 상관없다고 주장하는 상대주의도 일종의 독단이 된다고 말합니다. 이점에서 『전유경』의 담론과 통합니다.

아함경군의 독립경전인 『전유경』은 매우 짧은 경전입니다. 하지만 이 경전은 불교의 정체성을 담고 있습니다. 불교의 출발은 인간의 현실적 고통(생사)을 극복하는 것입니다. 때문에 나의 현실의 고통을 해결해주지 못하는 어떠한 논의들은 아무 소용이 없다는 사실입니다. 흔히 10(14)가지 물음으로 대변되는 형이상학적 논의, 즉 쓸데없는 논의[戱論]는 유일신교에서는 가장 중요한 물음이 될 수 있는 것이지만, 부처님은 무기(침묵)를 통해 그러한 질문의 오류를 돌이키게 합니다.

잘못된 물음, 쓸데 없는 물음에 대답함으로써 또 다른 쓸모없는 논의에 에너지를 낭비하지 않도록 하기 위해서는 침묵보다 더 큰 대답은 없을 것입니다. 침묵은 대답에 대한 회피가 아니라 부질없는 '해답'을 넘어서는 강력한 '정답'이 됩니다. 침묵은 물음에 대한 긍정도 부정도 아닙니다. 긍정문으로 물었던 부가의문문으로 물었든지 간에 침묵을 자의적으로 해석해 버리면 많은 오류를 범하게 됩니다.

불교에서의 침묵은 대개 질문자의 질문이 머금고 있는 오류를 일깨워주기 위해서 사용됩니다. 부처님은 만동자의 질문이 자신의 현실적 고통을 해결하기 위한 어떠한 도움도 되지 않는다는 사실을 잘 아십니다. 그래서 상대방의 질문이 이치에 맞지 않고 아무런 쓸모도 없는 경우에는 대답을 하지 않고 침묵해버리는 사치기(捨置記)의 대화법을 사용한 것입니다. 이 화법은 화자(발신자)의 생각을 돌이켜 다시 한 번 자신의 생각을 점검한 뒤에 말하게 하는 대화법입니다.

『전유경』은 현실적 인간들의 '고통을 덜어내고 즐거움을 건네주는' 가장 인간적인 경전입니다. 자신의 문제도 해결하지 못하면서 남의 문제를 해결하려는 것은 사치입니다. 아울러 오늘의 일도 모르면서 내일의 일을 지레 알려고 하는 것도 또 하나의 희론일 것입니다. 희론(戱論)은 고통의 뿌리이며 정견(正見)은 고통의 소멸입니다. 희론으로부터 비롯되는 무명의 괴로움을 덜어내고[拔苦] 정견으로부터 비롯되는 진리의 즐거움을 건네주는[與樂] 『전유경』은 불교를 알려는 사람들에게 가장 좋은 안내자가 될 것입니다. 아울러 자신의 가슴(마음) 속에 박힌 독(번뇌) 화살을 뽑아내고 치유하는 가장 좋은 해독제가 될 것입니다.

성자가 본 진리 범부가 갈 진리

『사성제경』(四聖諦經)

지금 우리는 국제통화기금(IMF)의 영향력 안에서 살고 있습니다. 또 양쯔강 범람의 영향권 속에 있습니다. 모두가 우울하고 힘 빠지는 일만이 연일 벌어집니다. 박세리와 박찬호가 골프와 야구에서, 조치훈과 선동열이 바둑과 야구에서 그나마 한국의 자존심을 세워주고 있습니다만, 아이엠에프와 전국적인 수해는 많은 고통을 안겨주고 있습니다.

우리는 왜 국제통화기금 상황 속에 들어갔습니까? 왜 이렇게 엄청난 수재를 당해도 속수무책 입니까? 우리는 '유비무환'이라는 말을 너무도 잘 압니다. 위험을 막고 근심에 대비한다는 '방험비환'(防險備患)이라는 말도 잘 알고 있습니다. 몰라서 못하는 것이 아니라 알고도 하지 않아서 문제가 되었던 것입니다. 같은 경험에서 우리가 알 수 있는 것은 고통 속에는 이미 고통의 원인이 들어있다는 것입니다.

오늘 우리나라의 가장 큰 고통은 민족모순(분단)과 계급모순(불균등)이라 말하고 있습니다. 현실적 인간들에게 이것은 무거운 화두입니다. 눈 앞에 직면해 있는 고통은 명예퇴직과 경기불안 아래서 당장 하루 이틀 먹고 사는 것입니다. 또 이미 직장을 잃은 실업자들의 고통과 두려움은 불투명한 미래입니다.

초기 경전에 속하는 『사성제경』은 이러한 고통이 어디에서 비롯되었는지를 낱낱이 보여줍니다. 그리고 그 해결책을 제시해 주고 있습니다. 경 이름인 '사성제'(四聖諦)는 '네 가지의 성스러운 진리'입니다. 즉 고통의 모습[苦]과 고통의 원인[苦習]을 일컫는 유전[流轉]연기와 고통을 소멸한 모습[苦滅]과 고통을 소멸하는 방법[苦滅道跡]을 일컫는 환멸(還滅)연기를 통해 고통에 빠지는 인과와 망상과 집착을 돌이켜 성불을 깨닫는 인과를 밝힌 것입니다.

성자가 본 진리[此聖者, 所見眞理也]를 담은 『사제경』은 처음 안식국의 태자였던 안세고(安淸)가 번역한 3624자로 된 단권의 경전입니다. 『사제경』에 대한 다른 번역은 중국 동진시대의 계빈 삼장인 구담 승가제바가 번역한 『중아함경』 제7권의 「사리자상응품」 제3에 속한 「분별성제경』 제11권입니다.

『사제경』은 부처님이 사위국 기수급고독원에서 '진정한 설법은 사제'라고 힘주어 설하는 것으로부터 시작합니다. 그러면서 여러 비구들 가운데에서 고-집-멸-도의 사성제[四眞諦]에 대한 가르침을 깊이 이해하고 있던 사리자의 설명을 받들어 사성제의 실상을 수행하도록 권유합니다.

> 만일 어떤 비구가 과거 세상에 있을 적에 여래(如來), 무소착(無所著) 정각(正覺)(자)를 따랐다면, 이것 역시 바른 말씀을 따랐다는 것이므로 이는 네 가지 진리가 되나니, 생각함과 봄과 알음과 분별함과 발견함을 갖추려면 이러한 네 가지 진리를 따라야 하느니라. 만일 어떠한 비구가 후세에 여래, 무소착, 정각(자)를 따른다면 이는 그 바른 법을 따랐으므로 참으로 어진 이가 되나니, 네 가지 진리는 갖추어 위에서 말한 것과 같느니라.

여기서 여래나 무소착이나 정각은 모두 부처님의 별칭입니다. '이와 같이 오신'[如來] 부처님은 나(오온)에 대한 집착과 존재(법)에 대한 집착과 그 두 가지의 집착을 모두 벗어나[我空, 法空, 俱空] '바른 깨달음'[正覺]을 얻은 분이기에 '무소착'(無所著)이라 불립니다.

현자들은 네 가지 또는 여덟 가지의 고통을 해결해 나가기 위해 사성제를 고통의 해결을 위한 '공식'으로 삼습니다. 그래서 현자들은 여덟 가지의 바른 길[八正道], 즉 바른 견해-바른 생각[智慧], 바른 언행-바른 행위-바른 직업[持戒], 바른 노력-바른 기억-바른 선정[禪定] 등을 실천함으로써 고통으로부터 벗어날 수 있다고 말합니다. 사성제의 네 번째 단계인 도성제의 구체적 내용이 바로 팔정도입니다.

불교윤리의 출발선인 팔정도는 계(戒)·정(定)·혜(慧)의 삼학(三學)으로 짝지어집니다. 불교적 인간의 삶의 모습도 여기에서 알 수 있습니다. 발심하는 인간, 서원하는 인간이 불교적 인간이라면, 발심과 서원은 모두 '나를 넘어서는 어떠한 보편적 원리'를 위해 '나를 기꺼이 버릴 수 있는' 확신에서 비로소 가능합니다. '도덕의 진리'[道德諦]로 불리는 사성제는 우리의 고통스런 현실을 해결할 열쇠입니다.

> 과거 세상의 현자들도 역시 괴로움이 사라지고 현자들의 진리를 받아 지녔으며, 후 세상인 미리 세상에서도 역시 이것을 따라 현자들의 진리를 받아 행할 것이며, 지금 현재에도 역시 이것을 좇아 괴로움을 멸하고 현자의 진리를 받아 행하느니라. 이와 같이 다르지 아니하며, 있는 그대로 이어서 잃지도 아니하고, 의혹함도 아닌 참된 진리이며, 본래와 같이 있는 그대로의 德이기 때문에 도덕의 진리이니라. 현자들이여! 이 진리를 보면 응당히 해탈을 얻으리니, 그러므로 괴로움이 사라지느니라. 이러한 행을 따르기 때문에 이름을 도덕의 진리라고 하느니라.

괴로운 현실은 오직 나만이 해결할 수 있습니다. 나의 변화를 통해야만 비로소 세계의 변화를 가져올 수 있습니다. 도덕의 진리인 사성제의 행인 팔정도를 실천해야만 비로소 고통에서 벗어날 수 있다는 것입니다.

『사제경』과 같은 사성제의 가르침을 담고있는 경전군에는 「상적유경」(『중아함경』 제7권의 「사리자상응품」 제3의 제10), 「분별성제경」(위의 「사리자상응품」 제3의 제11), 「사제품」(『증일아함경』 제17권의 제25), 「등취사제품」(위의 제19권의 제27) 등 몇 가지가 있습니다.

『사제경』의 이역에 해당하는 「상적유경」에서 존자 사리자는 비구들에게 '일체의 법 중에서 가장 으뜸이 되며' '일체의 모든 좋은 법을 관대하게 받아들이는' 사성제의 가르침을 이렇게 비유해서 말합니다.

> 마치 모든 짐승들의 발자국 가운데에서 코끼리의 발자국이 제일이 되는 것과 같느니라. 왜냐하면 그 코끼리의 발자국은 가장 넓고 크기 때문이니라. 그러므로 여러 현자들이여! 헤아릴 수 없을 만큼 좋은 법인 그 일체의 법은 사성제 안에 거두어 들여지게 되어 사성제 안으로 들어온다. 그러므로 사성제를 일체의 법 중에서 가장 으뜸이 된다고 하느니라.

『중아함경』의 「분별성제경」이나 『증일아함경』의 「사제품」과 「등취사제품」도 한결같이 '모든 법 중에서 가장 으뜸이 되는' '사성제'의 가르침으로 나아가도록 역설하고 있습니다.

부처님의 가르침의 핵심은 연기(무아)와 중도(사제)에 있습니다. 연기는 나의 존재성을 연(조건)이라는 타자를 통해서 규정하는 원리입니다. 중도는 우리들의 눈앞에 벌어져 있는 고통을 해결할 가장 바른 길[正道]입니다. 때문에 우리들이 직면해 있는 고통의 인과와 해소의 담론이 바로 사성제입니다. 팔정도는 바로 사성제가 제시하는 고통 해결의 지름길이자 바른 길입니다.

신라의 원효는 부처님의 교설을 체계적으로 해석하기 위한 해석틀인 교상판석을 지극히 공명정대하게 세웁니다. 그는 4교판을 짜면서 먼저 삼승과 일승으로 나눕니다. 그런 뒤 삼승을 별교와 통교로, 일승을 분교와 만교로 나누었습니다. 원효는 삼승의 별교에다 아함경군의 소경 가운데에서 「사제경」과 「연기경」을 짝지었습니다. 여기서 「사제경」이나 「연기경」은 어느 작은 경전을 가리키는 표현이기보다는 부처님의 핵심 교설인 '사제'와 '연기'를 담은 아함경전군 일반을 일컫습니다.

삼승이라 하면 성문승과 연각승과 보살승을 말합니다. 성문승과 연각승은 소승이지만 보살승은 대승입니다. 하지만 대승인 보살승도 '소승의 상대인 대승'으로 한정되면 부처의 지위에 미치지 못합니다. 그래서 불승에서 보면 보살승도 삼승의 범주에 들어가기 때문에 다시 일승(一乘) 또는 일대승(一大乘)이 설정되는 것입니다. 여기서 말하는 일승 또는 일대승은 소승과 상대되는 대승을 넘어선 하나[一]의 불승(佛乘)을 말합니다.

어떠한 특정 종파의 우월성에 매이지 않았던 원효가 삼승별교에 「사제경」과 「연기경」을 자리매김시켰다는 것은 아함경군의 핵심교리가 바로 '사제'와 '연기'라는 것을 분명하게 보여주는 것입니다. 사성제는 현실적 인간인 우리들의 삶의 구체적인 모습과 그 해결의 길을 가르쳐 줍니다.

국제통화기금 체제는 현실적 인간인 우리들의 과도한 욕망의 소산입니다. 일찍이 거품을 빼고 허리띠의 구멍을 줄였더라면 이러한 일이 없었을 것입니다. 이번 수해도 좀더 미리 대비하여 제방도 높게 쌓고 하수도도 제대로 정비하였더라면 수재(水災)와 인재(人災)를 최소화할 수 있었을 것입니다.

고성제는 바로 '아이엠에프'와 '수해'와 같은 우리들의 고통의 모습(苦-果)입니다. 그 고통은 우리들의 과도한 욕망과 안일함 때문에(集-因) 생겼습니다. 비록 소들과 가옥 침수와 국가신인도 등은 잃었지만 지금이라도 외양간을 제대로 고치고 정신을 차리면 더 이상의 소들은 잃지 않을 것(滅-果)입니다. 그러기 위해서는 거품을 빼내고 욕망을 최소화하는 길(道-因)밖에 없습니다.

사성제는 존재의 실상을 표현해주는 말입니다. 고성제는 무상과 고를, 집제와 멸제는 무아와 연기설을, 도성제는 팔정도설을 말하고 있습니다. 경주 석불사의 본존인 석가모니불상은 가장 환희에 찬 부처님상입니다. 깨달음(연기의 발견)의 법열 속에 계신 평온한 성자의 모습입니다. 모든 고통으로부터 벗어난 해탈한 모습! 바로 우리 인간들이 성취해야할 상호입니다. 『사성제경』군은 우리들에게 고통의 현실을 벗어나는 '지름길'을 '공식'처럼 가르쳐주고 있습니다.

모든 적은 자기 내부에 있다고 합니다. 자기와의 싸움에서 이긴 사람이 바로 부처님입니다. 그리하여 모든 불교도들은 그분에게 경배합니다. 목숨을 들어 돌아가나이다!

연생(緣生)의 원리 연멸(緣滅)의 원리

『연기경』(緣起經)

인간의 기억력은 한계가 있습니다. 일정한 시간이 지나면 어떠한 '사실'을 있었던 그대로 기억하기 어렵습니다. 자신에게 유리한 것은 기억하고 불리한 것은 기억하지 못하는 경우도 있습니다. 때문에 인간은 기록이라는 흔적을 남기고 그것을 통해 확인하려고 합니다.

그런데 인간에게는 기억의 문제만이 아니라 진실한 법칙에 대한 무지와 부정도 있습니다. 즉 보편타당한 법칙에 대한 무지뿐만 아니라 그러한 사실을 의도적으로 받아들이지 않으려는 경우도 있습니다. 그 원리를 인정하면 자신의 욕망 확장에 장애가 되기 때문입니다.

'연기'(因緣生起)라는 말은 인간의 무지와 부정과 관계없이 세상에 엄존해 있는 보편적 원리입니다. '말미암아 생겨난다'[緣

起]는 말은 '말미암지 않으면 생겨나지 않는다'는 말과 같습니다. 그런데 무엇을 말미암느냐 하면 나 이외의 타자입니다. 즉 나[我]를 둘러싼 환경일반[我所]입니다. 나는 연(조건)이라는 타자를 통해서만 존재합니다.

때문에 '연'이라는 타자를 부정하고는 '나'라고 할만한 존재는 없습니다. 나의 고유성은 오직 타자와의 관계에 의해서만 규정됩니다. 다시 말해서 나의 내포는 나의 외연에 의해서만 규정되며, 나의 삶은 타자와의 관계 위에서만 존재합니다. 그런데 사람들은 순간순간 이 사실을 망각하는 경향이 있습니다. 욕망의 그림자에 연생(緣生)의 원리가 가려졌기 때문입니다.

아함경 군에는 '연기' 관련 경전이 더러 있습니다. 갖가지 비유를 사용하여 연기를 드러내기도 합니다. 하지만 경이름 자체를 '연기'로 드러내는 경우는 매우 드뭅니다. 십이인연을 설하는 몇몇 경전과 방등부에 속하는 「(불설) 연기성도경」(佛說貝多樹下十二因緣經」 등이 있습니다만 직접적으로 연기에 대해 설하고 있지는 않습니다. 십이연기를 통해 연기를 설하는 경전군들은 고통 발생의 연기[流轉緣起]와 고통 소멸의 연기[還滅緣起]를 순관과 역관에 의해 설명합니다. 부처님은 이렇게 설하고 있습니다.

이것이 있음으로 말미암아 저것이 있고
이것이 생겨남으로 말미암아 저것이 생긴다.

이것이 없음으로 말미암아 저것이 없고
이것이 사라짐으로 말미암아 저것이 사라진다.

(『상응부경전』 12, 21, 19)

흔히 '연기 공식'으로 불리는 이 언표는 고정된 사고, 고착화된 생각을 깨뜨려 줍니다. 인식의 전환이란 어떠한 사실의 본래 면목을 통찰했을 때만 가능한 것입니다. 고착된 사고의 딱딱한 각질을 뒤집어 쓰고는 새로운 사유의 가능성을 기대할 수 없습니다. 발상의 전환은 어떠한 계기를 통해 자기 내면 속에서 울려나오는 육성에 의해서만 가능합니다.

이것이 있으므로 저것이 있고, 이것이 사라지므로 저것이 사라진다는 앞의 두 구절은 연생(緣生)의 원리를 말합니다. 이것이 없음으로 저것이 없고, 이것이 사라짐으로 저것이 사라진다는 뒤의 두 구절은 연멸(緣滅)의 원리를 말합니다. '말미암아 생겨나고[緣生] 말미암아 사라진다'[緣滅]는 이 기치는 불교의 전 교리를 떠받치는 인식틀입니다.

보살은 연기의 원리를 사무치게 통찰하고 새롭게 태어난 인간입니다. 그래서 보살은 '나누는 기쁨'을 존재이유로 삼고 사는 사람입니다. 때문에 보살은 자기를 넘어서서 생각하고 실천하는 존재입니다. 그래서 연기와 보살은 불가분의 관계에 있습니다. 연기를 사무치게 통찰했다면 보살이 되기 않을 수 없기 때문입니다. 부처님은 이렇게 말합니다.

> 내가 체득한 이 법은 매우 깊고 보기 어려우며 깨닫기 어렵다. 고요하고 미묘하여 사람들의 생각을 넘어서며 깊고 아득하여 오직 지혜로운 사람만이 이해할 수 있다. 그런데 세상 사람들은 욕망을 즐기고, 욕망에 빠지고, 욕망을 좋아하고 있다. 이런 사람들에게는 연기 즉 모든 존재는 원인이 있음으로 말미암아 생겼다는 이치는 이해하기 어려울 것이다. (『상응부경전』 6, 1「勸請」)

깨달음을 얻고 난 부처님이 연기의 법을 설할 것인가 말 것인가 고민했다는 것은 이해되고도 남음이 있습니다. 범천의 몇 차례의 권청에 의해 결국 연기의 원리를 설하였습니다. 생사의 문제를 해결하기 위해 출가했던 부처님이 발견한 것은 '연기 공식'에서 말하고 있는 것처럼 너무도 '평범한 사실'이었습니다. 하지만 이 평범한 사실을 아는 사람은 없었습니다.

카스트(사성)제도를 유지하려는 지배층이나 거기에 종속되어 있는 피지배층 모두 변화와 개혁에 대해 소극적이고 부정적이었습니다. 인간해방! 계급타파! 사성(四姓)이라는 강고한 구조 속에 길들여진 인도인들의 의식을 연기의 원리로 풀어내는 것은 쉬운 일이 아니었습니다. 강한 자기비판과 자기반성 없이는 받아들일 수 없는 원리였기 때문입니다.

> 비구들이여! 연기란 무엇인가. 비구들이여! 생이 있는 것으로 말미암아 노사가 있느니라. 이 사실은 내가 세상에 나오든, 안 나오든, 법으로서 확정되어 있는 것이다. 그것은 상의성(相依性), 차연성(此緣性)이다. 나는 이를 깨닫고 이를 이해하였다. 이를 깨닫고 이를 이해하였기에 이를 가르치고 선포하고 설명하고 나타내고 분별하고

명백히 하여 '너희들은 마땅히 보라'고 말하는 것이니라.

(『상응부경전』 12권, 20경 「緣」)

부처님은 연기란 무엇인가에 대해 자세히 설한 적이 별로 없었습니다. '연기를 보는 자는 법을 본다'거나 '법을 보는 자는 나를 본다'고 했을 뿐입니다. 그런데 이 「연경」(緣經)에서만은 연기에 대해 정면으로 이야기 하고 있습니다.

연기란 부처님이 이 세상에 나오든 안 나오든 관계없이 법으로 확정되어 있는 것입니다. 부처님은 연기를 만들어 낸 것이 아니라 이미 존재하는 법칙을 발견한 분입니다. '이것에 의해 존재하는 성질'인 '차연성'(此緣性)은 관계성이며 원인결과의 법칙입니다. 태어남이 있으므로 늙고 죽음이 있듯이(緣生) 태어남의 조건이 없어지면 늙고 죽음도 또한 없어집니다(緣滅).

'세 갈대의 비유'는 연기법과 연생법의 의미에 대해 구체적으로 설하고 있습니다. 이 경문은 사리불 존자가 마하구치라 존자에게 십이연기에서 의식이 명(名)과 색(色)을 말미암는다는 것을 갈대 단에 비유하여 설명하고 있습니다.

비유하면 마치 세 개 갈대가 빈 땅에 서려면 끊임없이 서로 의지해야 설 수 있는 것과 같이, 만일 그 하나를 버리면 둘은 서지 못하고 만일 둘을 버리면 하나도 서지 못하므로 계속해서 서로 의지해야 설 수 있습니다. 의식(識)이 개념(名)과 존재(色)를 인연하는 것도 또한 이와 같아서 끊임없이 서로 의지해야 자라날 수 있습니다.

(『잡아함경』 제12; 288경)

서로 의지해서만 설 수 있다는 갈대 단의 비유처럼 연기는 서로 의지하고 서로 관계맺는(相依相關) 원리입니다. 이러한 갈대의 비유를 남방 『상응부경전』에서는 이렇게 설하고 있습니다. 한역 『잡아함경』과 빠알리어 『상응부경』은 즉자적으로 대응되지는 않습니다.

> 친구여! 이를테면 여기에 갈대 단이 있다고 하자. 그 갈대 단은 서로 의지하고 있을 때는 서 있을 수가 있다. 그것과 같이 이것이 있음으로써 그것이 있는 것이며, 그것이 있기 때문에 이것이 있는 것이다. 그러나 만일 두 단의 갈대에서 어느 하나를 없애버린다면 다른 갈대 단도 역시 넘어져야 할 것이다. 그것과 마찬가지로 이것이 없으면 그것도 없는 것이며, 그것이 없고 보면 이것 또한 있지 못하는 것이다. (『상응부경전』 12, 67 「盧束」)

'추상적 원리'로 여겨지는 연기에 대해 잘 이해되지 않았던 콧티카의 물음에 동문인 사리풋타가 설명해주는 경문입니다. 사리풋타는 이 갈대 단의 비유를 통해 연기의 원리를 이해시키고 있습니다.

바라문교의 전변설(창조론)과 일반사상계의 적취설(요소론)을 부정하고 연기론으로 자신의 철학을 규정했던 부처님은 고통의 발생과 고통의 소멸을 설하는 십이연기를 통해서 연기의 의미를 밝혀내었습니다. 이후 연기는 시대에 따라 새로운 함의를 머금고 해석되었습니다.

삼승별교에 '사제'와 '연기'를 짝지웠던 원효의 교판처럼 「

사성제경」과 더불어 「연기경」은 아함경전의 핵심적 교리를 경이름으로 하고 있습니다. 사실 불교의 중심 교설인 연기는 대승불교가 전개되면서 그 이름과 의미를 달리해서 해석되기도 했습니다. 아함교의에서는 십이연기설, 아비달마교의에서는 업감연기설로, 유식교의에서는 (아)뢰야연기설로, 여래장교의에서는 진여연기설로, 화엄교의에서는 법계연기설로, (비)밀(불)교에서는 육대연기설로 그 이름을 바꿔가면 한층 깊어지고 넓어집니다.

이제 새로운 담론이 필요한 시대입니다. 불교의 담론 역시 이 시대의 보편적인 언어로 새롭게 설명되어야 합니다. 불교의 연기 패러다임이 보편화되기 위해서는 연기에 대한 다양한 해석이 필요합니다. 왜냐하면 불교담론의 저변화는 곧 불교의 보편화이기 때문입니다. 따라서 보편적 진리인 연기를 이 시대의 보편적 언어로 해석해야만 새로운 담론이 만들어 집니다.

연기의 개념을 '이것이 있으므로 저것이 있고, 이것이 사라지므로 저것이 사라진다'는 물리적, 계기적 의미로만 해석할 것이 아니라 인식론적 또는 심리적으로 해석할 필요가 있습니다. 연기를 '나의 욕망 공간의 확장이 남의 욕망 공간에 대한 장애나 거리낌을 최소화(현실적 인간) 내지 무화(보살적 인간)시키는 인식의 틀'로 해석할 수 있어야 합니다.

이를테면 자동차 주차장의 선을 제대로 지켜서 차를 주차함으로써 보다 많은 차를 댈 수 있게 하는 것이나, 지하철 속에서

신문을 펼치거나 다리를 꼬고 앉지 않음으로써 타인에게 주는 장애를 최소화하려는 노력은 모두 연기에 대한 통찰 위에서 가능한 행위입니다.

욕망 문제의 해결을 위한 방법 가운데 연기론과 같은 이론은 드뭅니다. 문제는 불교의 연기론이 '사실'임에도 불구하고 '당위'로 생각하는 인간들의 의식이 문제입니다. 또 현실적 인간들은 연기론에 대해 무지하거나, 기억하지 않으려거나, 받아들이지 않으려고 합니다. 연기론을 수용하면 자기 욕망의 확장을 꾀할 수 없기 때문입니다. 몰라서 하지 못하는 경우도 있지만, 알고도 하지 않은 경우도 있습니다. 문제는 전자보다는 후자가 더 큽니다. 이는 자본주의의 폐해이기도 합니다.

지금은 자본이 정의가 되는 자본주의시대입니다. 불교는 소유와 욕망에 대해 새로운 비전을 제시해야 합니다. 그러기 위해서는 소유와 욕망의 상관관계에 대한 새로운 담론을 제시해야 합니다. 무소유와 무욕망만으로는 설명될 수 없는 시대입니다. 연기론을 통해 최소한의 소유와 최소한의 욕망을 지니도록 언표할 수는 있습니다. 하지만 그러한 진단 조차도 현실적 인간에게는 당위이지 현실이지 못합니다.

공동체란 함께 더불어 살아가는 동아리입니다. 이 울타리 안에서 나의 욕망이 확장될 때 남의 욕망은 그만큼 축소된다는 인식을 하게 하는 것이 연기론입니다. 그렇다면 현실적 인간들로 하여금 욕망을 최소화 할 수 있게 하는 방법은 무엇이겠습니까? 연기론은 교육적 대안이나 환경(생태)적 대안이 될 수 있습니다. 문제는 불교의 연기론을 인식시킬 프로그램을 어떻게 만들어 내느냐 입니다. 그리고 그것을 어떻게 살아있는 담론과 실천으로 환원시켜 내느냐 입니다.

있는 것(존재, 현실)과 있어야 할 것(당위, 이상) 사이의 거리의 최소화는 보편성의 축입니다. 또 살아있는 모든 것들의 생물학적 조건의 동일성 역시 보편성의 축입니다. 시간적이고 공간적인 두 축이 바로 인간의 보편성의 두 잣대입니다. 행복(건강)한 삶이 인간의 궁극적 목적입니다. 그런데 모든 인간이 행복하기 위해서는 어떠한 원리가 필요합니다. 그 원리의 역할을 불교의 연기론은 담당해야 합니다.

그렇다면 연기론에 대한 새로운 해석학과 담론이 필요합니다. 거기에는 살아있는 무늬와 살결이 담겨있어야 합니다. 현실적 인간들의 마음을 움직일 수 있는 해석의 원리여야 합니다. 그런 의미에서 아함부의 「연기경」군은 두고두고 읽어야 할 경전입니다.

수행의 경전 증득의 경전

『대념처경』(大念處經)

불교의 목적은 성불에 있습니다. 성불은 깨달은 분, 즉 부처님이 되는 것이기에 깨달음 그 자체가 불교의 과녁이기도 합니다. 아울러 모든 번뇌의 불을 끈 열반이나 일체의 고통으로부터 벗어난 해탈도 불교의 타깃입니다.

뿐만 아니라 "내 살갗을 벗겨 종이로 삼고/ 내 뼈를 쪼개 붓을 삼으며/ 내 피를 뽑아 먹물로 삼아/ 경전을 베껴 써서 수미산처럼 쌓더라도/ 불법을 귀중히 여기므로/ 내 몸과 목숨을 아끼지 아니한다"고 설하는 보현보살의 원행이나 "중생이 앓으니 보살이 앓으며 중생의 병이 다 낳아야 보살의 병이 다 낳는다"는 유마힐의 역설처럼 대비심이 불교의 궁극적 목적이기도 합니다.

이렇게 보면 자신을 이롭게 함[自利]과 타인을 이롭게 함[利

他]은 선후문제가 아닙니다. 오히려 연기적이며 동시적인 것이라 할 수 있습니다. 문제는 자리가 먼저냐 이타가 먼저냐가 아니라 어느 쪽에서 바라보고 실천하느냐에 달려 있습니다. 정상의 꼭대기는 같기 때문입니다.

성불하기 위해서는 거기에 걸맞는 수행이 전제되어야 합니다. 불교 수행의 종류와 방법에는 여러 가지가 있습니다. 보편종교인 불교는 각 시대에 따라 적절한 수행법을 개발하였습니다. 그 중에서도 불교수행의 가장 기본이 되었던 방법은 사념처(四念處)라고 할 수 있습니다.

사념처에 관한 교설은 여러 경전에서 발견됩니다. 장부 니까아야(Digha Nikāya) 제2권 제9경인 「대념처경」(Mahā-Satipaṭṭhāna Suttanta)과 중부 니까아야(Majjhima Nikāya) 제1권 제10경인 「염처경」(Satipaṭṭhāhāna Sutta), 또 이 경을 한역한 『중아함경』 제24권 제98경인 「염처경」이 사념처 수행법을 담고 있는 주요 경전입니다. 『중아함경』 권3의 「유행경」에서는 '삼세 제불의 수행법'으로 사념처를 정의하고 있으며, 같은 경 권52 제198경 「조어지경」에서는 '여래가 비구를 조어(調御)하는 순서 가운데 두 번째'가 사념처라고 말하고 있습니다.

『잡아함경』 권20 제535경 「독일경」에서는 '사념처를 떠나면 성현의 법에서 떠나고 내지 생로병사 우비고뇌를 떠나지 못한다'고 말합니다. 그밖에도 제537경 「수성욕지경」에서는 '사념처로써 크게 신통한 힘을 성취'하며, 제539경 「아난소문경」에서는 '사념처를 닦아 천안으로 중생들의 삼업에 의한 수생(受生)을 본다'고 합니다.

제540경인 「소환경」①, 제541경인 「소환경」②에서는 '사념처에 머물러 병고가 안온'하여졌으며, 제542경인 「유학누진경」에서는 '사념처로써 지혜의 해탈과 마음의 해탈을 성취한다'고 합니다. 제543경 「아라한비구경」에서는 '얻지 못한 것을 얻고 증득하지 못한 것을 증득하고 현재의 법의 즐거움에 머무르기 때문에 아라한도 사념처를 닦아야' 하며, 제545경인 「향열반경」에서는 '열반을 증득하기 위하여 사념처를 닦아야 한다'고 설합니다. 같은 권 제621경인 「연소비구경」 등에서도 사념처 수행의 당위성과 공능에 대해 자세히 언급하고 있습니다.

부처님은 『중아함경』 「염처경」에서 사념처에 대해 이렇게 설합니다.

> 하나의 도에 있어 중생을 깨끗하게 하고 걱정과 두려움을 건지며, 고뇌를 없애고 슬픔을 끊고 바른 법을 얻게 하나니 곧 사념처이니라. 과거의 모든 여래·무소득·등정각은 모두 다섯가지 장애(五蓋, 잠·들뜸·성냄·탐욕·의심)의 마음의 더러움과 슬기로움의 파리함을 끊고 마음을 세워 바로 사념처에 머무르고, 칠각지(七覺支)를 닦아 위없는 정진(精進)의 깨달음을 얻었느니라.

경문에 따르면 사념처는 중생을 깨끗하게 하고 걱정과 두려움을 건지며 고뇌를 없애고 슬픔을 끊고 바른 법을 얻게 하는 수행법입니다. 즉 현실적 인간들의 번뇌를 깨끗이 세탁하고 바른 법을 얻게 하는 것이 사념처라고 설합니다. 다시 말해서 마음의 장애와 무지의 장애를 없애고 정법, 즉 심해탈과 혜해탈을 얻게 하는 것이 사념처입니다.

대승불교에서는 번뇌의 장애를 여의고서 열반을 증득하는 것을 마음의 해탈이라 하고, 지혜의 장애를 여의고서 보리를 증득하는 것을 지혜의 해탈이라 말합니다. 원효의 『이장의』는 바로 이 번뇌의 장애와 무지의 장애를 치유하는 방법을 적은 밑도 있는 저술입니다.

사념처에서 '념'(smṛti)은 관조하는 지혜와 함께 일어나는 마음의 작용[心所]이며 기억, 회상, 법전(法典) 등의 의미를 지닙니다. 즉 주관인 마음이 객관인 대상을 마음에 분명히 기억하여 두고 잊지 않는 것이며 지나간 일을 기억하고 현재의 순간에도 행하여져서 마음으로 객관대상을 분별할 때 반드시 존재하는 것을 '념'이라 합니다.

'처'(處)는 존재, 참석, 장소의 의미를 지니고 있으며 『구사론』에서는 마음과 마음의 작용이 일어날 수 있는 생장처를 의미합니다. 때문에 '념처'는 신-수-심-법 네 곳에 대한 조용하고 차분한 마음의 관상(觀想)과 생각(念)을 남기는 곳 또는 머무르게 하는 곳을 나타냅니다.

사념처(四念處)는 신(身)-수(受)-심(心)-법(法)념처를 말하며 신역(新譯)에서 사념주(四念住)라고 합니다. 사념처는 소승의 수행자가 삼현위(三賢位), 즉 오정심관(五停心觀)위-별상념주(別相念

住)위-총상념주(總相念住)위 가운데에서 오정심관 다음에 닦는 관법입니다. 소승의 삼현위와 대승의 삼현위는 구별됩니다. 대승의 삼현위는 십주-십행-십회향위에 있는 보살을 말합니다. 이에 대해 소승의 삼현위는 성위(聖位), 즉 불보살위에 들어가기 위한 방편위를 말합니다.

오정심은 불도 수행에 의하여 처음으로 얻는 지위입니다. 여기에서는 오정심관, 즉 부정(不淨)관-자비(慈悲)관-인연(因緣)관-계분별(界分別)관-수식(數息)관을 통해 마음의 다섯 가지 허물을 정지시킵니다. 즉 오정심관을 닦아 탐심 많고 산란한 마음 등을 조화하여 차제로 나아가 성인의 지위에 들어가므로 이렇게 이름합니다.

별상념주는 삼현위의 두번째 계위이며 오정심위로부터 나아가면서 얻는 계위입니다. 여기에서는 몸은 더럽고[不淨], 느낌은 괴롭고(苦), 마음은 덧없고[無常], 법은 나라는 자성이 없다[無我]라 하여 신-수-심-법 네 가지를 따로 따로 관하면서 몸은 깨끗하고[淨], 느낌은 즐겁고[樂], 마음은 항상하고[常], 법은 나의 자성이 있다[我]고 관하는 네 가지 잘못된 소견을 깨뜨려 버리게 합니다.

총상념주는 삼현위의 세 번째 계위로 소승 칠가행(七加行)의 세 번째 계위입니다. 이것은 신-수-심-법의 네 대상(境)을 총합하여 고-공-무상-무아라고 관찰하는 것을 말합니다. 이것은 곧 제행무상, 일체개고, 제법무아의 세 가지에다 일체개공을 더한 것입니다. 때문에 사념처는 모든 부처님들의 일승(一乘)의 길이라고 일컬을 수 있습니다.

여기에서 신-수-심-법 네 염처는 이렇게 설명할 수 있습니다. 신념처는 몸에 대한 기억이 머무르는 곳을 말합니다. 즉 부모에게 받은 육신이 깨끗하지 않다[不淨]고 관하는 것입니다. 『대념주경』(大念住經)에 의하면 ①날숨(出息)·들숨(入息)에 관한 수행, ②몸가짐[威儀]에 관한 수행, ③몸의 바른 의식행동에 관한 수행, ④몸의 구성의 부정(不淨)함을 관찰하는 수행, ⑤몸의 4대요소(要素)를 관찰하는 수행, ⑥몸의 9종의 부패과정[墓場]을 관찰하는 수행, ⑦바르게 끊는 수행, ⑧선정 수행, ⑨안반념(安般念)의 수행, ⑩관법에 대한 수행 등이 신념처 수행의 내용입니다.

수념처는 각념처(覺念處)라고도 하며 괴로움[苦]과 즐거움[樂]과 괴롭지도 즐겁지도 않은[不苦不樂] 세 가지 느낌[三受]에 기억이 머무르는 곳을 말합니다. 즉 우리가 '즐거운 감각을 깨달으면 곧 즐거운 감각을 깨닫는 줄을 알고 괴로운 감각을 깨달으면 곧 괴로운 감각을 깨닫는 줄 알며, 괴롭지도 즐겁지도 않은 감각을 깨달을 때에는 곧 괴롭지도 즐겁지도 않은 감각을 깨닫는 줄을 안다'는 것입니다. 즉 외형적인 무상함을 생각하고 선정에 의지해 이 몸이 즐거워지는 것을 생각하며, 이 몸의 들숨과 날숨[呼吸]을 관하는 안반념(安般念)을 행하는 것입니다.

심념처는 마음에 대한 기억이 머무르는 곳을 말합니다. 즉 우리의 마음은 항상 그대로 있는 것이 아니고 언제나 변화 생멸하는 무상한 마음의 상태를 관찰하는 것을 말합니다.

> 어떤 것이 마음을 관찰하기를 마음답게 하는 염처인가? 비구는 욕심이 있으면 욕심이 있다는 참뜻을 알고 욕심이 없으면 욕심이 없다는 참뜻을 알며, 성냄이 있고 성냄이 없는 것과 어리석음이 있고 어리석음이 없는 것, 더러움이 있고 더러움이 없는 것과 모임이 있고 흩어짐이 있는 것, 낮음이 있고 높음이 있는 것과 작음이 있고 큼이 있는 것과 닦고 닦지 않음과 정하고 정하지 않는 것도 그러하며, 해탈하지 않은 마음이 있으면 해탈하지 않는 마음의 참뜻을 알고 해탈한 마음이 있으면 해탈한 마음의 참뜻을 안다.

경문과 같이 심념처는 욕심과 성냄과 어리석음, 더러움과 깨끗함, 모임[合]과 흩어짐[散], 낮음[下]과 높음[上], 작음[小]과 큼[大], 닦음[修]과 닦지않음[不修], 정함[定]과 정하지 않음[不定], 해탈[解脫]과 해탈하지 않음[不解脫] 등의 심리상태에 대하여 여실히 관찰하여 알아차리는 수행법입니다.

법념처는 법에 대한 관찰을 가리킵니다. 신-수-심념처를 제외하고 다른 만유에 대하여 실로 자아인 실체가 없으며, 또 나에게 속한 모든 물건을 나의 소유물이라고 하는 것에 대해서도 모두 일정한 소유자가 없다[無我]고 관하는 것을 말합니다. 이 법념처의 대상이 되는 것은 다섯 가지 마음의 장애[五蓋]의 법, 다섯 가지 존재의 구성요소[五蘊], 여섯 가지 인식 주관의 법[六入處], 일곱 가지의 깨달음에 이르는 지혜의 선택 요소[七覺支],

네 가지 성스러운 진리[四聖諦, 8정도 포함] 등의 다섯 가지입니다.

사념처 수행법이 주목되는 것은 불교의 목적인 깨달음을 성취하는 지름길이기 때문입니다. 북방불교에서는 조사선(六祖 慧能 이전) 또는 간화선(看話禪)이 불교 수행법의 중심으로 자리해 왔습니다. 그 결과 깨달음에 대한 깊은 성취를 얻었습니다. 지눌은 성적등지문(惺寂等持門)-원돈신해문(圓頓信解門)과 더불어 간화경절문(看話徑截門)을 설정하여 간화선이 깨달음의 지름길로 나아갈 수 있는 길이라 역설했습니다.

남방 상좌부 교단에서는 사념처 등을 중심으로 하는 위빠사나 수행법이 불교 수행법의 중심으로 자리매김되어 왔습니다. 어느 수행법이 좋다 나쁘다는 판단은 오직 수행자 자신의 몸의 조건과 깜냥의 잣대에 의해서만 얘기할 수 있는 것입니다. 자신의 수준과 몸의 조건을 떠난 어떠한 수행법도 그 자신을 깨달음의 길로 나아가게 하지 못합니다. 선병(禪病)을 얻어 깨달음에 이르지도 못하고 죽는다면 무슨 소용이 있겠습니까?

사념처의 교설을 담고 있는 『대념처경』의 수행법을 대승과 상대되는 소승의 수행법에 지나지 않는다고 평가절하 할 수는 없습니다. 깨달음의 길에 닿기 위해서는 다양한 길이 있습니다. 사념처는 소승의 길이므로 아라한위가 구경의 수행위라고 단정할 수만은 없습니다. 어떠한 자리에서 그 경계가 터지고 나면 아라한위가 곧 불보살의 계위로 전환되기 마련입니다.

중요한 것은 누가 더 치열하게 자신의 본래면목을 찾기 위해 용맹정진 하느냐에 달려있습니다. 깨달음의 길은 누가 대신해 줄 수 있는 것이 아닙니다. 경전에 아무리 좋은 수행법이 실려 있다 해도 자신의 몸뚱이를 통해 단련시켜야만 '증득'의 열매를 따먹을 수 있습니다. 『대념처경』은 우리의 몸[身]과 마음[心] 만이 아니라 느낌[受]과 현상[法]까지 아우르며 수행하는 방법을 가르쳐주고 있습니다. 신-수-심-법념처가 하나가 될 때 새로운 세계를 볼 수 있을 것입니다.

호흡의 집중 정신의 집중

『안반수의경』(安般守意經)

부처님의 가르침이 우리에게 가장 큰 울림으로 전해오는 것은 자신의 가르침과 같은 삶을 몸소 보여주었다는 것입니다. 그분의 가르침이 현실의 고통을 여의고 진리의 즐거움을 얻는 것[離苦得樂]이듯이, 부처님은 고통을 여의기 위해서 치열한 수행의 모범을 우리에게 보여주었습니다. 그러면 그분의 수행법이 무엇이었는가가 문제됩니다. 그 수행법대로 닦아나가면 부처님과 같은 성인이 될 수 있을 것이라 믿고 불제자들은 정진하고 있습니다.

불교의 궁극이 성불에 있듯이 자기와의 싸움에서 이긴 그분의 수행법을 바로 받아들여서 우리의 체질에 맞게 만들어나가는 것이 가장 급선무일 것입니다. 우리 불교는 중국을 거친 북방불교의 조사선(아직 문자에 의지하는 중국 초기선) 또는 간화선

(看話禪)의 수행법을 제일로 여겨왔습니다. 또 신라 말 고려 초의 구산선문을 살펴보면 황해도 해주에서 성립된 수미산문이나 전남 장성 보림사에 건립된 가지산문의 먼 후학인 일연 선사의 『중편조동오위』에 보면 우리에게는 묵조선(默照禪)의 전통이 있어왔습니다.

또 정토 염불을 통해 서방 정토에 왕생하거나 자신이 살고 있는 공간 그대로를 현실정토로 파악하는 유심정토를 통해 깨달음의 세계에 진입하려는 노력도 있었습니다. 뿐만 아니라 최근에 우리나라에서 광범위하게 자리잡아 가고 있는 관찰선(觀法禪, 위빠싸나, 통찰선)이 간화선과 다른 또 하나의 수행법으로 자리잡고 있습니다. 이 모두가 부처님이 체험한 깨달음의 세계에 들고자 하는 닦음의 소산입니다.

『대념처경』(마하 삿띠빳타나 숫딴따)과 짝을 이루는 『안반수의경』(아나빠나사띠 숫딴따) 역시 관찰선에 입각해 깨달음으로 나아가는 길을 제시하고 있습니다. 『불설대안반수의경』(佛說大安般守意經)은 후한시대의 안식국 삼장이었던 안세고(安世高)에 의해 상하 두 권으로 번역되었습니다. 이 경은 『안반수의경』, 『대안반경』 『안반경』, 『수의경』 등으로 약칭되기도 했습니다. 한역된 이 경에 서문을 붙인 강(康)나라의 승회(僧會)는 안반수의 수행법이 열반에 이르는 지름길임을 힘주어 말하고 있습니다.

안반수의에 대해서는 『잡아함경』 제26권의 「안나반나념경」(安那般那念經), 「오법경」(五法經), 「단각상경」(斷覺想經), 제29권의 제10경, 『증일아함경』 제8권의 제2 「안반품」(安般品), 『달마다라선경』(達摩多羅禪經) 권상의 제5 「수행방편도승진분」, 『대념처경』(『남전장』 제7권 장부), 『잡아비담심론』 제8권 제2 「수다라품」, 『해탈도론』 제9권, 『무외비밀선』 등에서도 언급하고 있습니다. 이러한 여러 기록들은 '안반수의'가 부처님의 수행법 중 핵심임을 보여주는 것이라 할 수 있습니다.

사람의 목숨은 들숨과 날숨 사이에 존재합니다. 때문에 호흡은 모든 생명체의 힘의 원천이 됩니다. 『안반수의경』은 바로 '호흡에 정신을 집중하는 방법을 통해서 정신의 안정을 가져오고 나아가 깨달음에 이르게 하는 수행법'입니다. 이 방법을 빠알리어로는 아나빠나사띠(ānāpānasati)라고 하며 안반수의(安般守意)로 한역되었습니다.

아나[安]는 들숨[入息]이고 아빠나는 날숨[出息]이며 사띠는 정신의 집중[守意]을 말합니다. 이 수행법은 탐심 많고 어지러운 마음 등을 조화하여 차제로 성인의 지위에 들어가는 다섯 가지 수행법인 오정심관(五停心觀)의 하나인 수식관(數息觀) 또는 지식념(持息念)입니다. 수식관은 숨을 쉬면서[息] 숫자를 헤아리며 마음을 관찰하는 것입니다. 지식념도 호흡[息]을 간직하면서 생각[觀念]한다는 것입니다.

월지국의 사기유국에 머무시던 부처님이 90일 동안 안반수의를 행하신 것이 창안의 동기입니다. 부처님은 다시 90일을 홀로 앉아 생각을 가다듬고 온 세상의 모든 인간과 날아다니는 새와 꿈틀대는 동물들을 구제하고자 했습니다. 그러면서 '나는 안반수의를 90일 행하였으니 안반수의로 자재와 자비의 마음을 얻었다'고 말합니다.

> 안(安)은 생명의 창조가 되고 반(般)은 그치는 것이 된다. 수의(守意)는 자연 그대로 있게 하는 것이 된다. (왜냐하면) 수의는 잘못되지 않게 하는 것이니, 그것은 또한 되어진 그대로를 보호하는 것이 된다. 보호하는 것은 일체의 것이 잘못되지 않도록 두루 지키는 것이다. 마음이란 의식이 한 곳에서 쉬고 있는 것이니, (이때에) 또한 마음의 본래 상태로 되는 것이다.

이 경문은 들숨과 날숨을 자연의 이법에 견주고 있습니다. 들숨은 산소를 받아들여서 생명의 세포를 맑게 함으로써 생명을 창조하게 됩니다. 날숨은 들어오는 것이 그치고 나가는 것이므로 생의 극치에 이르러 멸하는 현상입니다. 때문에 올바른 호흡이야말로 깨달음에 이르는 길인 동시에 도(道) 그 자체라고 할 수 있습니다.

경문에서는 '안'(安)은 숫자를 헤아림이 되고, '반'(般)은 서로 따름이 되며, '수의'(守意)는 그치는 것이 된다고 말합니다. 또 '안'은 (마음이) 선정(定)이 되는 것이며, '반'은 동요하지 않게 되는 것이며, '수의'는 마음이 흩어지지 않게 되는 것입니다. 이는 '마음을 제어하여 무위의 경지를 얻는 것'을 말합니다.

『잡아함경』 제26권의 「안나반나념경」에서 부처님은 이렇게 설법하고 계십니다.

> 마땅히 안나반나(安般)의 염(念, 守意)을 닦아라. 비구가 안나반나의 염을 많이 닦으면 몸이 평안하게 되고 마음도 평온하게 되어 깨달음에 있어서나 보고 느낌에 있어서 고요하고 순일한 가운데 분명한 생각이 일어나 닦고 익힘에 대하여 만족하게 될 것이다.

이 경문은 마음의 평안이 결국 들숨과 날숨의 집중과 정신의 집중에 있음을 말하고 있습니다. 호흡이 고르면 몸과 마음이 평온해 집니다. 반대로 호흡이 고르지 못하면 몸과 마음이 들뜨거나[掉擧] 가라앉아[惛沉] 버립니다. 간화선에서 말하는 성성(惺惺)과 적적(寂寂)한 화두 일념도 결국은 고른 호흡 위에서 들 수 있는 것입니다.

> 안(安)은 아직 (일어나지) 않은 것이 되고, 반(般)은 일어난 것이 된다. 일어나지 않은 것이 일어났으면 곧 수의(守意)가 된다. 만일 뜻을 일으키면 곧 수의가 된다. (그러나) 이미 뜻을 일으키고 곧 달려가서 지키지 않으면 당연히 되돌아오게 된다. 그러므로 부처님은 안반수의를 설하셨다.

이 경문에 따르면 '안'과 '반'의 의미가 점점 넓어지고 깊어집니다. 이는 다른 여러 교설을 '안'과 '반'의 코드(기호)와 관련해서 수행해 나가기 때문입니다. 부처님의 모든 교설은 수행을 통해 나온 것입니다. 때문에 모든 교설은 수행의 고갱이인 호흡, 즉 들숨[安]과 날숨[般]과 유기적으로 연결되어 있습니다. 동시에 모든 호흡은 의식(정신)의 집중과 불가분의 관계에 있습니다.

> 안반수의(安般守意)에는 열 가지의 지혜가 있다. 숨을 세는 수식(數息), 숨과 마음이 서로 따르는 상수(相隨), 마음이 숨에 머무는 지(止), 자재로운 상태인 관(觀), 자기에게 돌아오는 환(還), 깨끗한 상태인 정(淨), 그리고 네 가지의 진리인 사제(四諦)이다. 이 열 가지 지혜가 이루어지면 이른바 「삼십칠조도품경」에 합치되어지는 것이다.

안반수의의 열 가지 지혜 가운데에서 사성제 앞의 여섯 가지 지혜는 중국 천태종을 완성한 지의(智顗, 538~597)가 『육묘법문』(六妙法門, 天台六妙法門, 修禪六妙門, 六妙門禪法)이라는 자신의 저술을 통해 새롭게 해석해 내었습니다. 천태의 3종 지관 가운데에서 원돈(圓頓)지관을 설하는 『마하지관』(大定慧論), 점차(漸次)지관을 설하는 『석선바라밀차제법문』(선바라밀)과 달리 부정(不定)지관을 설하는 『육묘법문』은 양적으로는 지극히 소략하지만 수행의 실제를 담고 있는 절창입니다.

『육묘법문』에서는 첫째는 (호흡 중에) 수를 헤아림이요, 둘째는 (호흡을) 따름이며, 셋째는 (마음을 모아) 멈춤이요, 넷째는 (지혜로 실상을) 밝혀 봄이며, 다섯째는 (마음을 본바탕으로) 되돌이킴이요, 여섯째는 (일체 제법의 본성이) 청정함을 체득하는 것입니다. 이(여섯 가지의 닦음으)로 말미암아 모든 수행(일체의 선업)이 활짝 열리어 마구니를 항복받고 불도를 이루었다고 설하고 있습니다.

또 '안으로 안반을 생각한다'[內思安般]고 해서 『대안반수의경』에서는 앞의 세 가지[數·隨·止]를 밖[外]이라 하고 뒤의 세 가지[觀·還·淨]를 안[內]으로 나누어 설명합니다. 지자는 『육묘법문』을 설하기에 앞서 부처님이 가르치신 열 가지 선법을 열 가지 수로 나누어 말하였습니다. 즉 일은 일행삼매(一行 三昧), 이는 지관(止觀), 삼은 삼삼매(三 三昧), 사는 사선(四禪), 오는 오문선(五門禪), 육은 육보문(六妙門), 칠은 칠의정(七依定), 팔은 팔배사(八背捨), 구는 구차제정(九次第定), 십은 십선지(十禪支)로 짝지어 설명합니다. 그는 십수에서 일곱 번째로 육묘문을 짝짓고 있습니다. 이처럼 지자의 『육묘법문』을 통해 소승의 수행법으로 치부되던 안반수의 호흡법이 대승의 수행법으로 거듭 소생하였던 것입니다.

> '수식'(數息)을 땅으로 삼고, '상수'(相隨)를 쟁기로 삼으며, '지'(止)는 멍에로 삼고, '관'(觀)은 씨앗으로 삼고, '환'(還)은 비로 삼고, '정'(淨)은 행으로 삼는다, 이 여섯 가지는 곧 도에 따르는 것이다.

이 경문에서는 호흡을 농사에 비유합니다. 농부의 목적은 농사를 잘 지어 수확을 최대화 하는 것입니다. 수행자의 목적 역시 건강하게 생명을 유지하면서 도를 깨닫는 것입니다. 병의 고통 속에서 수행하는 것은 고행주의와 다를 바 없습니다. 부처님의 가르침이 고행주의와 쾌락주의를 넘어선 중도에 있듯이 수행자에게는 건강한 몸과 마음을 통해 깨달음을 성취하는 것이 무엇보다도 중요합니다.

화두를 들고 매진하던 간화선 수행자들이 선병(禪病)을 앓다가 이 『육묘법문』의 수식관 또는 지식관을 통해 병을 고치거나 크게 효험을 보았다는 사실은 고려 천태종의 요세 저술에서뿐만 아니라 여러 곳에서 확인됩니다. '상기병'이나 '울혈' 등은 좌선 중 호흡을 고르게 하지 못해 생기는 병들입니다. 그런 점에서 지관 수행은 깨달음으로 가는 하나의 지름길일 수 있습니다.

안반수의는 깨달음을 얻기 위한 서른 일곱 가지 수행 방법(三十七助道品)과 긴밀하게 연관되어 있습니다. 여기에는 부모에게서 받은 육신이 부정하다고 관하는 신념처(身念處), 우리의 마음이 받아들이는 즐거움이나 괴로움은 참된 것이 아니라고 관하는 수념처(受念處), 우리의 마음은 항상 변하고 있다는 무상을 관하는 심념처(心念處), 모든 존재에는 실체가 없다고 관하는 법념처(法念處)인 사념처(四念處)가 제일 처음에 자리합니다.

거기에다가 마음의 태만을 끊는 네 가지 올바른 노력을 뜻하는 사정근(四正勤 : 律儀斷, 斷斷, 隨護斷, 修斷), 수행이 이루어져서 보다 높은 뜻대로 되는[如意] 네 가지 만족인 사여의족(四如意足), 다섯 가지 선한 과보의 뿌리인 오근(五根), 다섯 가지 힘인 오력

(五力), 깨달음의 지혜를 도와주는 일곱 지분인 칠각지(七覺支)를 모두 이루고 난 뒤 드디어 여덟 가지 바른 길인 팔정도(八正道)을 닦아서 깨달음에 이르게 됩니다.

호흡을 하면서 숫자를 세는 이유는 어떤 것을 향해 치달려가는 우리들의 마음을 잡기 위해서 입니다. 이는 간화선에서 화두를 드는 것과 같습니다. 화두를 들고 일체의 번뇌를 끊어버리고 마지막에 가서는 화두라는 오직 하나의 의심덩어리[疑團]조차도 끊어버릴 때 비로소 확철대오 하듯이 수식관에서는 숫자를 세면서 멋대로 달려가는 욕망을 끊어버리고 들숨과 날숨의 집중과 정신의 집중을 통해 볍열을 맛보는 것입니다. 결국 모든 현상에 끌리지 않고 현상 그대로를 관찰하는 것이 호흡법이라 할 수 있습니다.

관찰선(위빠싸나, 통찰선)이 모든 현상(담마)의 '일어남'과 '사라짐'의 참모습을 관찰하여 니르바아나에 이르는 것이 목적이듯이, 안나반나수의의 목적도 호흡의 집중과 정신의 집중을 통해 깨달음을 성취하는 것입니다. 깨달음의 길은 하나가 아닙니다. 문제는 부처님이 제시한 깨달음의 지름길을 제 몸뚱어리를 가지고 누가 먼저 밟아나가느냐에 있습니다.

완전한 열반 위대한 열반

『대반열반경』(大般涅槃經)

살아있는 존재에게 있어서 가장 커다란 공포는 죽음입니다. 죽음은 바깥 세계와 안쪽 세계와의 단절을 의미합니다. 그것은 곧 들숨과 날숨의 끊어짐이라는 사태이자 바깥에 있는 타자와의 폐쇄이며 연기(緣起), 즉 관계의 불연속이기도 합니다. 그것은 또 숨 속에 들어있는 세계의 공기와의 결별이며, 무수한 생명들과의 만남의 중지입니다. 어떠한 고독한 존재라 하더라도 그는 이미 관계의 그물 속에 들어있습니다. 존재 그 자체가 이미 관계이기 때문입니다.

죽음은 현생이라는 무대에서의 관계의 정리입니다. 우리들의 눈 앞에 보이지 않는 내생에서의 관계는 현생의 존재자들에는 간절하게 다가오지 않습니다. 그렇지만 종교세계에서의 죽음은 관계의 단절이기보다는 새로운 관계의 시작이라 보고 있습니다. 죽음은 현상적으로는 관계의 단절처럼 보입니다만, 새로운 세계와의 관계의 시작이기도 합니다.

『마하빠리닙바나 숫딴따』, 즉 『대반열반경』은 붇다의 위대한 열반을 설하고 있는 경전입니다. 이 경전은 남방 상좌부 경전 가운데에서 디가(장부) 니까야의 열 여섯 번째에 속하는 것입니다. 한역된 것으로는 장아함경군의 두 번째 경인 『유행경』 및 『불반니원경』 또는 『대반열반경』 등이 여기에 해당됩니다.

세존도 나이가 들어 노쇠해진 몸을 지닌 인간입니다. 쿠시나가라에서 모진 설사병으로 모진 고통을 앓는 분입니다. 대승경전에서 나타나는 권위적인 법신의 모습을 지닌 붇다가 아니라 육신의 고통을 자연스럽게 맞이하는 분입니다. 인류의 역사 속에서 가장 아름다운 생애를 마감한 그 분의 인간적인 모습이 이 『대반열반경』에는 깊게 스며있습니다.

이 경전은 '쇠망하지 않는 가르침'을 설하는 것으로 시작하고 있습니다. 부처님은 마가다국의 아자타삿투왕의 침입에 직면한 밧지족이 쇠망하지 않는 일곱 가지 가르침(七不衰-退-法)을 설함으로써 비구(승가)들에 대한 쇠망하지 않는 일곱 가지 가르침으로 대체하고 있습니다. 그러면서 그것이 궁극적으로는 계정혜 삼학으로 두루 닦은 마음은 애욕과 생존과 견해와 근본무지 등의 번뇌로부터 바르게 해탈할 수 있다고 설합니다.

완전한 열반을 설하는 이 경전은 벨루바 마을에서 무거운 병을 얻은 붇다의 다음과 같은 생각을 드러냄으로써 죽음에 직면해가는 한 인간의 모습을 복선으로 깔고 있습니다.

> 내 가까이에서 시봉하는 이들에게는 여태껏 아무것도 말하지 않았다. 또 비구들에게는 한 번도 깨달음의 기회를 주지 않은 채 열반에 들어 버린다는 것은 붇다의 행위가 아니다. 그러므로 지금은 정진으로 이 병을 극복하고 '생명을 연장하는 행위'[留壽行]를 확립하여 머물도록 하자.

정진으로 중병을 극복하신 붇다는 '유수행'을 확립하고 지내십니다. 생명을 연장하는 행위를 시행한 것은 제자들에게 깨달음의 기회를 주기 위해서였습니다. 그러면서 붇다는 아난다에게 다시 이렇게 설합니다.

> 아난다여! 이제 나도 늙었다. 나이를 먹어 고령이 되었느니라. 장년기를 지나 노년기에 이르렀다. 나도 이제 나이 여든이 되었다. 아난다여! 마치 낡은 수레가 가죽끈으로 묶어 겨우 움직이는 것처럼 나의 몸도 가죽끈으로 묶어 겨우 조금씩 움직이고 있는 것과 같느니라.

나이를 먹은 세존은 낡은 수레처럼 조금씩 움직이고 있습니다. 권력과 재력을 버리고 오직 인간적인 매력을 창출하기 위해서 수행해온 붇다는 팔십 노구를 이끌고 제자들에게 '자기 자신을 의지처로 하고 자신에게 귀의할 것이며, 타인을 귀의처로 하지 말라'고 말합니다. 또 '진리를 의지처로 하고 진리에 귀의하며 다른 것에 귀의하지 말라'고 수행자들에게 설합니다. 그러던 어느 날 완전한 열반에 직면해가는 붇다는 아난다에게 어렴

푯한 형태로 빙 둘러 암시를 압니다.

> 아난다여! 수행이 진전되어 네 가지 초자연적인 능력[四神足]을 닦고 닦아 밝게 통하고 일상사가 되고 체험하고 숙지하고 익힌 사람은 그가 원하는대로 1겁이라는 대단히 긴 세월 동안 또는 1겁 이상도 이 세상에 머물 수 있느니라. 그런데 아난다여! 여래는 이미 그러한 네 가지 초자연적인 능력을 닦고 닦아 밝게 통하고 일상사가 되고 체험하고 숙지하고 익혔다. 따라서 만일 작정만 한다면, 아난다여! 여래는 1겁 혹은 1겁 이상도 이 세상에 머물 수 있느니라.

이 세상에 더 머무를 수 있다고 세 번씩이나 설하는 붇다의 말씀을 불행하게도 악마에게 마음이 홀려 있었던 아난다는 알아차리지 못합니다. 때문에 붇다는 팔십세에 열반에 들게 된다고 이 경전에는 설해져 있습니다. 그런데 열반에 들도록 유혹받은 세존은 마침내 악마에게 아래와 같이 여러 가지를 열거하면서 말씀하십니다.

> 악마여! 나에게 비구제자들이 있고, 또 그들이 총명하여 가르침을 두려워하지 않으며, 가르침을 받들어 지니고, 가르침을 가르침대로 행하고자 하며, 바른 방향으로 행동하며, 스승의 말씀을 잘 파악하여 그것을 다른 사람에게 말하고 설명하고 표현하며, 알리고 납득시키며, 이해시키고 분별하게 하며, 명백하게 하고, 또 외도의 삿된 설이 나타날 때는 그 삿된 설을 진리로 제지할 수 있고, 기적을 일으키는 가르침을 설할 수 있는 그러한 상태가 되지 않는 한 결코 열반에 들지 않는다.

하지만 집요한 악마는 세존이 설하신 것처럼 그 때가 되었음을 암시하면서 열반을 거듭 재촉합니다. 악마에 홀려 세존의 '유수행'을 요청하지 않은 아난다의 모습을 목격한 붇다는 '유수행'을 중지하고 열반에 들겠다고 선언합니다.

> 악마여! 나는 나의 입멸(入滅)에 대해 더 이상 마음 괴로워하지 않느니라. 여래는 머지않아 열반에 들것이니라. 지금으로부터 3개월 후, 여래는 열반에 들 것이니라.

세존은 차팔라 영지에서 바르게 사념하시고 바르게 의식을 보전하셨던 지금까지의 '유수행'을 중지하십니다. 그러자 여덟 가지의 직접적 원인과 여덟 가지의 간접적 원인에 의해 대지진이 일어납니다. 또 주위의 여러 제자들은 너무 무서워서 온 몸에 털이 곤두설 정도였으며 하늘의 큰 북이 갈갈이 찢어질 정도로 울려 퍼집니다. 세존이 이러한 입멸의 결의를 선언했을 때 당황하고 놀란 아난다는 그때서야 붇다에게 다음과 같이 간청합니다.

> 세존이시여! 세존께서는 부디 입멸하시는 것을 그만 두시옵소서. 1겁 동안이라도 이 세상에 머무소서. 원만한 이께서는 부디 1겁 동안이라도 이 세상에 머무소서. 많은 사람들의 이익을 위하고, 많은 사람들의 안락을 위해. 그리고 세상 사람들을 연민하시와 인간들과 신들의 복리와 안락을 위해.

많은 사람들의 이익과 안락을 위하고 그들에 대한 연민과 그들과 신들의 복리와 안락을 위해 세 번이나 입멸의 결의를 그만두도록 권하는 아난다에게 세존은 이렇게 설합니다.

> 아난다여! 너의 이러한 청은 잘못된 행위이고, 너의 이러한 청은 순리에 거역되는 행위이니라. 아난다여! 내가 너에게 나의 생각을 어렴풋이 빙 둘러서 암시를 했는데도 그 진의를 관찰하지 못하였다. (중략) 아난다여! 만일 네가 한때 세존에게 지금처럼 간청했다면 여래는 두 번까지는 거절했겠지만 세번째는 너의 간청을 수용했을 것이니라. (중략) 그러므로 아난다여! 이제는 너의 청을 받아들일 수 없느니라. 허나 어쨌든 아난다여! 나는 너희들에게 늘 말하지 않았더냐? 아무리 사랑하고 마음에 맞는 것이라도 곧 이별의 상태와 변화의 상태가 찾아오는 것이라고. 그것을 어찌 피하겠느냐? 태어나고 살고 무너져 가는 것, 그 무너져 가는 것에 대해 '무너지지 말라'고 막더라도, 그것은 이치에 부합되지 않느니라.

'아무리 사랑하고 마음에 맞는 것이라도 곧 모든 것들과의 이별의 상태와 변화의 상태가 찾아오는 것'은 무상한 시간적 흐름에 대한 선언입니다. 그 무상을 피할 수도 없고 피하려는 것은 이치에도 맞지 않다고 말합니다. 이렇게 설한 붇다는 진리에 대해 깨닫고 설했던 여러 가지 이익과 안락한 진리는 다름 아닌 네 가지 바르게 사념하는 경지[四念處], 네 가지 바르게 노력해야 하는 것[四正勤], 네 가지 초자연적인 능력[四神足], 다섯 가지 선한 과보의 뿌리[五根], 다섯 가지의 힘[五力], 일곱 가지 깨달음의 지분[七覺支], 여덟 가지의 성스러운 길[八聖道] 등의 삼십칠보리분법에 대해 '이것이 내가 진리에 대해 깨닫고 설했던 여러 가지 진리'라고 설합니다.

> 아난다여! 오늘 밤 최후의 야분(夜分, 새벽 1시~5시)에 쿠시나가라 근교 '역사(力士, 세존)가 태어났던 곳'인 사라나무 숲 속의 한 쌍의 사라나무 사이에서 여래는 완전한 열반의 세계에 들 것이니라.

왔던 것은 반드시 떠나가기 마련입니다. 만해가 「님의 침묵」에서 '우리는 만날 때에 떠날 것을 염려하는 것과 같이 떠날 때엔 다시 만날 것을 믿습니다'라고 노래한 것과 같이 생사에 얽매이지 않아야 합니다. 회자정리, 거자필반! 붇다 역시 인간 이듯이 육신의 허물을 벗고 우리 곁을 떠납니다. 다비는 육신의 허물을 정리하는 의식이자 남은 사람과의 헤어지는 이별의 의식입니다. 세존의 유해를 어떻게 모실지 몰라하는 제자들에게 세존은 이러한 유훈을 남겼습니다.

> 아난다여! 너희 출가자는 여래의 유해를 모시겠다는 따위의 생각을 하지 말라. 너희들은 단지 출가 본래의 목적을 향하여 바른 마음으로 노력하며, 게으름 피우지 말고 정진하면서 지내야 하느니라. 아난다여! 여래에 대해 각별하게 깊은 숭경의 생각을 품고 있는 현자가 왕족이나 바라문, 살아있는 자들 가운데 있을 것이니라, 그러한 이들이 여래의 유해를 모실 것이니라.

수행자는 오직 수행에만 정진하라고 세존은 힘주어 설합니다. 여기에서 재가자의 역할이 매우 중요하게 등장합니다. 재가자들은 수행자로 하여금 수행에 전념할 수 있도록 교단일에 적극적으로 참여합니다. 이것은 곧 수행자로 하여금 처음의 출가정신을 언제나 유지하며 살라는 유훈입니다.

수행에만 전념하는 수행자들은 먹는 것, 입는 것, 머무는 곳 어느 것 하나 걱정할 것이 없습니다. 참다운 수행자에겐 의식주의 문제가 걱정되지 않는 것입니다. 조선시대에 '정승 세 사람이 굶어야 겨우 수행자 한 사람이 굶는다'고 했습니다. 그 어려운 시절에도 수행자들에게는 의식주가 끊이지 않았다는 사실을 알 수 있습니다.

> 그럼 비구들이여! 이제 나는 너희들에게 알리겠노라. '만들어진 것은 모두 변해가는 것이니라. 게으름 피우지 말고 열심히 정진하여 너희들의 수행을 완성하여라.'

붇다는 이렇게 마지막 교훈을 남기고 선정에 들어 입멸합니다. 최초의 선정[初禪]에 들었다가 제2의 선정에 들고, 제2의 선정을 지나 제3의 선정에 들고, 제3의 선정을 지나 제4의 선정에 들었습니다. 다시 제4의 선정을 지나 허공의 가이없는 곳[空無邊處]에 들고, 공무변처를 지나 의식의 가이없는 곳(識無邊處)에 들었습니다. 식무변처를 지나 일체 가질 바 없는 곳[無所有處]에 들고, 무소유처를 지나 의식도 없고 의식하지 않는 것도 없는 곳[非想非非想處]에 들었습니다.

세존은 비상비비상처를 지나 의식도 감각도 모두 멸한 곳[想受滅]에 들었습니다. 그런 뒤 붇다는 상수멸에서 거꾸로 내려와 최초의 선정으로 되돌아오신 뒤 다시 최초의 선정을 지나 제2-제3선정을 넘어 제4의 선정을 지나실 무렵 열반에 드셨습니다.

이것이 바로 완전한 열반, 위대한 열반에 드신 붇다께서 우리에게 보여주신 모습입니다. 마지막 열반에 들기까지 수행의 정석을 보여주신 세존! 그 앞에서 죽음을 두려워하는 현실적 인간들의 공포가 대비됩니다. 수행이란 공포로부터 벗어날 수 있는 지름길입니다. 결국 수행은 성불을 위한 방법이지만 방법 그 자체가 올바를 때는 목적이 될 수 있습니다. 선(禪)이 깨달음을 얻기 위한 길이지만 그 길의 끝은 성불이듯이 말입니다.

『대반열반경』에서 붇다는 우리에게 수행의 중요성을 십이분 강조하고 있습니다. 불제자의 존재이유는 바로 수행에 있음을 일깨워 주고 있습니다.

벽력같이 내려치는 지혜의 경전

구마라집 번역의 『금강경』

1. 저자 소개

불경에는 저자를 적지 않고 있습니다. 인연에 의해 생겨난 것에는 나라고 할 만한 것이 없기 때문입니다. 붇다의 직설을 암송하여 기록한 아함경전군들과 달리 대승경전들은 찬불승(讚佛僧)들에 의해 이루어졌습니다. 하지만 이들 경전들 역시 불설(佛說)의 핵심인 중도 연기의 가르침을 담고 있는 한 붇다의 가르침으로 인정되며 저자는 모두 붇다로 귀결됩니다. 붇다는 존재의 실상을 있는 그대로 보게 함으로써 행위[業報]는 있지만 주체[作者]는 있지 않다고 역설합니다. 불교적 인간의 연기(緣起)적 삶은 소유와 집착과 분별의 최소화 내지 무화를 이상적인 삶의 태도로 삼습니다. 이러한 모습은 『화엄일승법계도』를 저술한 의상(625~702)의 태도에서 잘 나타나고 있습니다. 그는 '이름이 없는 참된 근원'[無名眞源]으로 돌아가기 위해 자신의 저작에다 '의상'이란 이름을 쓰지 않았습니다. '나'와 '나의 것'에 대한 집착을 넘어서기를 역설하는 불교에서 저자를 적지 않는 것도 바로 이러한 태도에 근거하는 것입니다.

2. 시대적 상황 및 저자 의도

2-1 시대적 상황

부파불교 출가자들은 어떻게 하면 미혹(迷惑)으로부터 비롯된 업식(業識)과 그로부터 생겨난 고통(苦痛)을 벗어날 수 있는가를 고민했습니다. 그래서 근본불교의 무아설(無我說)을 위배하지 않으면서도 윤회의 주체를 상정하려 하였습니다. 하지만 윤회의 주체로서 상정된 몇몇 실체적인 개념들이 무아설에 위배된다는 비판을 받았습니다. 그들은 실체성의 인정 혐의로부터 벗어나기 위해 고요한 승원에 앉아서 자신의 본성을 깨닫는 일과 윤회의 주체를 쪼개는 일에 몰입했습니다. 진리[法]와 행위[業]를 성찰하려는 그들의 사유는 매우 번쇄해졌고 이내 사변적으로 흘러가 버렸습니다. 재가 불자들은 교단으로부터 점점 멀어져 갔습니다. 그리고 그들은 출가자를 매개하지 않고 스스로 붇다를 만나고자 했습니다. 재가자들은 벌판에다 붇다의 진신에서 나온 사리를 모신 불탑을 세우며 예배하기 시작했습니다.

재가자들은 붇다의 사리를 모신 불탑에다 자신의 공양물을 올리며 그곳에서 신앙운동을 계속해 갔습니다. 이내 불탑 주위로 재가불자 교단이 형성되었고 경제권이 집중되었습니다. 아울러 색신(色身)과 법신(法身) 두 측면으로 제기되었던 붇다의 몸에 대한 종래의 해석에서 한 걸음 더 나아가 수행의 결과로서의 몸인 보신(報身)에 대한 해석을 시도하였습니다. 그리고 이상적인 인간상으로서 '보살'(Bodhisattva)의 개념도 등장시켰습니다. 이렇게 되자 승원을 중심으로 한 출가 교단은 심각한 경제적 위기에 부딪치게 되었습니다. 출가 교단은 막 성립되고 있는 대승 경권(經卷)의 봉안과 전파라는 공덕(功德)사상의 제창을 통해 불탑신앙의 물줄기를 되돌리기 시작했습니다. 그러자 벌판의 탑들은 출가 교단의 승원 안에 속속들이 세워졌고 이제 탑 속에는 사리 대신 경전들이 봉안되어 갔습니다. 이렇게 되자 대승불교 운동은 출가자들 주도로 바뀌어 갔습니다. 출가교단이 먼저 착수한 것은 붇다 전생의 이타 보살행에 따른 전기 형식의 문학의 형상화였습니다. 이러한 흐름 속에서『금강경』과 같은 반야부의 대승경전들이 탄생되었습니다.

반야부에서 독립된『금강경』에는 반야 계통 경전의 핵심적인 메시지인 '공'(śūnya)사상에 대해서는 어떠한 언급도 하지 않고 있습니다. 때문에 이 경전은 대승불교의 대표적 용어인 '공'이라는 개념이 정착되기 이전에 생겨난 성립된 최초기의 대승경전임을 알 수 있습니다. 다만 이 경전은 공'[虛妄]라는 말 대신에 '꿈'[夢], '허깨비'[幻], '물거품'[泡], '그림자'[影], '이슬'[露], '번개'[電] 등과 같은 비실체적 존재의 이미지를 통해 공사상을 보여주고 있습니다. 뿐만 아니라 대승보살의 생활과 수행에 관해 서술하면서도 '보리심'(bodhicitta)이라는 용어를 단 한 번도 사용하고 있지 않습니다. 또 경전 속에 기술된 "이 이상 없는 올바른 깨달음을 향해 마음을 일으킨다"는 표현은 근본불교 이래 사용되고 있는 정형적 표현일 뿐 대승불교 특유의 것은 아니라 할 수 있습니다. 이러한 몇 가지 이유로 인해 『금강경』은 대승적 색채가 엷은 경전이라 할 수 있습니다.

존재 혹은 대상의 비실체성에 대한 『금강경』의 역설은 곧 그것들에 대한 무분별(無分別), 무주착(無住著), 무소유(無所有)의 의미로 확장되고 있습니다. 즉 이 경전은 '있는 것'[有]과 '없는 것'[無], '인 것'[其]와 '아닌 것'[未], '하나'[一]와 '여럿'[多], '같은 것'[同]과 '다른 것'[異] 등의 개념 쌍들에 대한 분별을 뛰어넘고, 나와 나의 것에 대한 주착을 뛰어넘으며, 존재하는 것에 대한 깊은 소유의식을 부정하고 있습니다. 또 이 경전에는 소승(小乘)에 대한 대승(大乘)이라는 상대적인 의식도 또렷하지 않습니다. 이 점 역시 이 경전이 대승과 소승이라는 대립 관념이 생겨나기 이전에 성립된 것임을 보여주는 근거가 됩니다.

2-2 저자 의도

대승불교는 인간의 구원이라는 원대한 종교적 이념을 구현하기 위해 시작되었습니다. 불탑신앙으로 가속도가 붙었던 대승의 흐름은 막 성립되기 시작한 대승경전의 탄생과 함께 더욱더 심화되어 갔습니다. 이 과정에서 이제 유형의 사리를 공경하는 불탑(佛塔)신앙이 무형의 진리를 공경하는 경권(經卷)신앙으로 변주되어 갔습니다. 이러한 사실은 이 경전의 저자가 사리를 모신 불탑을 향한 칠보(七寶)의 보시, 공양, 공경, 예배의 노력도 붇다의 진실한 말씀 한 구절(四句偈)을 전하는 공덕에 미치지 못함을 역설하고 있는 대목에서 잘 드러나고 있습니다. 저자는 특히 네 가지의 사구게를 통해 자신의 반야 공관(空觀)을 보여주고 있습니다.

1. 무릇 형상이 있는 것은[凡所有相]
   모두 허망한 것이니[皆是虛妄]
   만일 모든 형상을 형상 아닌 것으로 보면[若見諸相非相]
   곧 여래를 보느니라[卽見如來].

– 「여리실견분」(如理實見分) 제5

2. 마땅히 색에 머물러서 마음을 내지 말고[不應住色生心]
   마땅히 성향미촉법에 머물러서 마음을 내지 말 것이니[不應住聲香味觸法生心]
   마땅히 머무르는 바 없이[應無所住]
   그 마음을 낼지니라[而生其心].

– 「장엄정토분」(莊嚴淨土分) 제10

3. 만일 형체로서 나를 보거나[若以色見我]
음성으로써 나를 구하면[以音聲求我]
이 사람은 삿된 길을 행하여[是人行邪道]
능히 여래를 보지 못하리라[不能見如來].

– 「법신비상분」(法身非相分) 제26

4. 일체의 함이 있는 법은[一切有爲法]
꿈 환상 물거품 그림자와 같고[如夢幻泡影]
이슬과 같으며 또한 번개와 같으니[如露亦如電]
마땅히 이와 같이 관할지니라[應作如是觀].

– 「응화비진분」(應化非眞分) 제32

이 경전의 저자는 유형의 사리를 넘어 무형의 진리를 강조하고 있습니다. 무형의 진리는 곧 모습이 없는 진실한 모습인 '공'(空)의 진리를 일컫습니다. '공'의 개념은 반야부를 꿰뚫는 키워드이며 이 '공'은 곧 '분별이 없는 지혜'[無分別智]의 다른 이름입니다. 저자는 바로 무분별지의 터득이 그 어떠한 것보다 가치 있는 것임을 역설하기 위해 반야부를 찬술한 것으로 보입니다. 이러한 노력에 힘입어 연기(緣起)—무자성(無自性)—공성(空性)—자비(慈悲)의 사상은 반야부의 본질이자 불교의 본질로서 자리 잡을 수 있었습니다.

3. 내용 소개

가장 초기에 성립된 반야계 경전은 대략 기원전 1세기경에 성립된 『팔천송반야경』(도행반야경)을 기점으로 확장과 축약을 거듭하면서 성립되었습니다. 확장된 것들은 『십만송반야경』(대반야경), 『이만오천송반야경』(대품반야경 : 광찬/방광반야경), 『일만팔천송반야경』 등입니다. 축약된 것들은 4세기에 완성된 것으로 보이는 『금강경』(5400여자), 『반야심경』(260자)과 별역인 『이천오백송반야경』, 『칠백송반야경』 등이 출현하였습니다. 이 반야부의 정수에 해당하는 부분이 『금강경』이며, 『금강경』의 갖춘 이름은 『금강반야바라밀경』입니다. 이 경은 본디 독립경이 아니라 현장(玄奘, 602~664) 삼장이 번역한 『대반야경』 600권 속의 제9회 577권인 『능단금강분』이었습니다. 이것을 별도로 번역하여 독립시킨 것이 『금강반야바라밀경』으로 불리어지게 된 것입니다.

현장이 번역한 『반야심경』과 달리 우리나라에서는 구마라집 삼장(鳩摩羅什, 348~413) 번역의 『금강반야바라밀경』이 널리 읽히고 있습니다. 중국 남조시대의 호불 황제인 양 무제(武帝, 464~549)의 아들 소명태자(昭明, 501~531)는 이 경전의 내용을 32부분으로 나누었습니다. 그리고 32분 각 분절(分節)의 내용을 개관하여 다섯 글자로 응축한 제목을 덧붙였습니다. 그의 적절한 분단(分段)과 제명(題銘)은 오늘날까지 그대로 활용되고 있습니다.

이 경전의 이름에서 '금강'(vajra)은 본디 무엇이든지 '자를 수 있는'[能斷, cchedika] '가장 강한 쇠'[金中最强, vajra]를 뜻하며, '반야'는 우리의 집착과 무지를 '벽력같이 내려치는 지혜'를 일컫습니다. 이들 의미를 아울러 보면 '무엇이든지 자를 수 있는 금강과도 같은 지혜'가 됩니다. 이것은 구역 삼장 달마급다(達磨笈多)의 '능단반야경'(能斷般若經)과 신역 삼장 현장 및 의정(義淨)이 번역한 '능단금강반야경'(能斷金剛般若經)에서도 잘 드러나고 있습니다.

우리가 오랫동안 쌓아온 무지 장애[所知障]와 번뇌 장애[煩惱障]를 깨뜨리려면 금강저(金剛杵) 같은 굳센 방망이가 필요합니다. 여기서 한 걸음 더 나아가 이제 방망이에도 집착하지 않으려면 그 '금강조차 잘라낼 수 있는' 금강 지혜의 칼이 요청됩니다. 이렇게 증폭되는 '금강'과 '지혜'의 강력한 이미지는 실체에 머무르려는 우리들의 인식을 타파하는 투철한 부정 정신의 표현이라 할 수 있습니다. 우리는 자기에 대한 부정과 존재에 대한 부정 위에서 비로소 커다란 자유를 성취할 수 있습니다. 『금강경』이 유정(有情)들의 존재방식에 대해 자세히 해명하고 있는 것도 이러한 까닭에서입니다.

이 경전은 인식, 사유, 판단능력을 지닌 생명체인 유정의 출생방식에 대한 인도 고유의 아홉 가지 분류[九類衆生]를 다시 세 범주로 묶어 해명하고 있습니다. 즉 포유류처럼 '태에서 나거나'[胎生], 조류처럼 '알에서 나거나'[卵生], 미생물이나 작은 곤충처럼 '물이 고인 습한 곳에서 나거나'[濕生], 천상이나 지옥의 중생 또는 죽은 뒤의 존재처럼 '천상이나 허공이나 일정한 방식에 의탁하지 않고 형태가 없이 어떠한 변화에 의해 생겨나는 것'[化生]의 네 가지 출생방식[四生]으로 나누고 있습니다. 또 형태를 가진 모든 생물인 유색(有色)과 형태가 없는 생물인 무색(無色)의 두 가지 형태(二色)로 나눠보고 있습니다. 나아가 시각(눈) · 청각(귀) · 후각(코) · 미각(혀) · 촉각(피부) 오관의 감관을 지닌 존재들[有想]과 물리적인 오관의 감관을 지니지 않은 천상의 존재들[無想], 물리적인 오관의 감관을 지녔다고도 지니지 않았다고도 말할 수 없는 드높은 존재들[非有想非無想]인 세 가지 감관[三想]을 지닌 부류로 갈라보고 있습니다.

뿐만 아니라 제법무아(諸法無我)의 구체적인 표현인 아상(我相, 我想), 인상(人相, 補特伽羅想, pudgala), 중생상(衆生相, 有情想, sattva), 수자상(壽者相, 命者想)의 부정까지 언급하고 있습니다. 즉 바라만교에서 말하는 연기를 부정하는 어떠한 고정적인 실체로서의 아뜨만(atman)에 대한 생각의 부정, 부파시대의 독자부(犢子部)의 '오온도 아니고 오온을 떠나서 존재하는 것도 아닌' 비즉비리온(非卽非離蘊)으로서의 존재(人)의 부정, 존재를 유정(有情) 무정(無情)으로 구분하는 생각(衆生想)의 부정, 자이나교의 순수 영혼인 지바(jīva, 命) 또는 지바아뜨만(jīvātman, 命我)에 대한 생각의 부정을 통해 실체적인 인식의 접근을 철저히 부정하고 있습니다. 이들 사상(四相)은 반야부 경전이 성립될 당시의 주요 종교 또는 학파였던 바라문교(힌두교), 자이나교, 부파의 독자부설을 부정하고 나아가서는 초기 대승의 유정·무정론까지 비판·반성하는 맥락에서 규정된 것들입니다. 따라서 『금강경』의 사상(四相)은 연기·무자성·공성의 인식틀 위에서 정립된 '무아' 철학의 다른 표현이라 할 수 있습니다.

이 경전은 생명과 생명체의 분류 위에서 이들의 모양과 이들에 대한 분별과 집착과 소유의 생각들을 깨뜨리기 위해 다시 강한 논리형식을 부가하고 있습니다. 즉 긍정[有], 부정[無], 긍정종합[亦有亦無], 부정종합[非有非無]의 4구와 이것을 더 펼친 '백비'[百非]의 논리 위에서 '즉비'(卽非)~'시명'(是名)의 논리를 적극적으로 원용합니다. 이러한 예는 "부처님이 설한 반야바라밀은 곧 반야바라밀이 아니며 그 이름이 반야바라밀이다"라고 하거나 "일체의 모든 상을 떠난 자를 곧 이름하여 부처님이라 하기 때문이다"고 언급하는 대목에서 잘 나타나고 있습니다. 이러한 부정은 보다 강한 긍정을 내오기 위한 논리 방식인 것입니다. 그러므로 '즉비'는 대상에 대한 부정으로 끝나는 것이 아니라 그것에 대한 집착을 깨뜨린 뒤에 그 존재를 다시 긍정하는 논법인 것입니다. 어떠한 대상에 대한 집착을 멸하는 것[滅執]은 곧 지혜의 달을 가득 채우기[滿空] 위한 것입니다. 그리고 그 논리의 근저에는 대상에 대한 집착을 탈각하기 위한 방편설이 개재되어 있는 것입니다.

그러므로 존재의 진실한 모습을 보기 위해서는 "형상으로 나를 보거나[若以色見我] 음성으로 나를 구하면[以音聲求我] 이 사람은 삿된 길을 행하여[是人行邪道] 능히 여래를 볼 수 없느니라[不能見如來]"라고 힘주어 설하는 것입니다. 『금강경』의 강력한 언설은 유형과 유색에 대한 집착을 끊어버리려는 것이며, 언어로 포장된 외피를 걷어내기 위한 처방인 것입니다. 따라서 『금강경』의 메시지에는 유형과 유색 및 언어의 포장을 벗어내지 않고서는 존재의 참다운 모습[實相]을 보지 못한다는 역설(逆說)이 자리해 있습니다. 하여 눈앞에 보이는 것만을 가치로 알고 좇는 현대인들은 이 메시지 앞에서 강한 충격을 받게 됩니다. '내'가 깨어지는 바로 그 지점에서 비로소 보이지 않는 것들에 대한 인식의 전환이 싹틀 수 있는 것입니다. 그러기 위해서는 우리들의 인식 속에서 진리를 왜곡하는 언어의 속성을 걷어내는 것에서부터 출발해야만 합니다.

뿐만 아니라 이 경전은 집착 없는 마음과 수행의 완성, 보시의 완성, 악업의 소멸까지 언급하고 있습니다. 즉 어떠한 얽매임이나 헤아림을 넘어서기 위해서는 "일체의 상념을 버리고 더 없이 올바른 깨달음을 향해서 마음을 일으키지 않으면 안 된다"(제14장)고 역설하고 있습니다. 또 보살의 여섯 가지 수행덕목 중에서 보시와 인욕과 지혜 3종의 바라밀에 대해 언급하고 있습니다. 경전은 "여래에 의해서 교설된 '지혜의 완성'은 지혜의 완성이 아니다"(제13장)고 설합니다. 동시에 모든 만물은 실체가 없기에 변화하고, 연기적으로 존재한다는 진리를 꿰뚫어 보는 지혜조차도 실체시하지 말라고 설합니다. 그리하여 수행자로 하여금 완성이라는 환상에 이끌려 수행하는 것이 아니라 지속되는 완성이자 종착역이 없는 완성을 자각하기에 이르게 하고 있습니다. 또 남에게 무엇을 주는 보시 가운데에서 물욕을 갖지 않는 재시(財施)는 곧 탐욕심을 내지 않음으로써 보시의 무한한 행위가 이루어지도록 하고 있으며, 가르침을 혼자서만 간직하지 않는 법시(法施)는 곧 가르침을 실천하는 일 그것이 바로 가르침의 시여(施與)임을 언표하고 있습니다. 나아가 타인에 대한 설법을 통해 남들로부터의 멸시와 천대를 유발하게 되고 그로 인해 전생의 악업을 자각하게 되며, 그 멸시와 천대를 금생에 받는 것으로 인해 악업의 소멸이 이루어져서 붇다의 깨달음을 체득하게 된다고 가르칩니다.

4. 경전 영향

많은 반야 계통의 경전 중에서『반야심경』다음으로 널리 읽히는『금강경』은 중국에 전해지고부터 '여래 마음자리의 요문'이라고 하여 스승과 제자 사이에서 지속적으로 전해졌습니다. 특히 중국 선종의 5조인 홍인(弘忍)이 종래의『능가경』(4권본) 대신『금강경』을 혜능(惠能)에게 내려주면서부터 중국 선종의 흐름은 크게 바뀌게 되었습니다. 이것은 이 경전이 제시하고 있는 투철한 공사상에 기초한 윤리적 실천의 강조 때문이라고 할 수 있습니다. 또한 이 경전은 선종의 유수한 선사들의 어록 및 선시의 탄생에도 깊은 영향을 끼쳐 독자적인 가풍을 탄생시켰습니다. 해서 존재 혹은 대상에 대한 철저한 무분별(無分別)과 무주착(無住着)과 무소유(無所有)로 표현되는 이 경전의 메시지는 불교 정신의 중심개념으로 자리 잡았습니다. 나아가 선법을 주축으로 교법을 아우르는 조계선종의 소의경전이 되기에 이르렀습니다. 이제 이 경전은 선의 미학에 기초한 각종 인테리어 및 건축, 회화, 조각, 공예 등의 미술, 그리고 음악과 무용 및 다도 등에 이르기까지 강력한 영향을 미치고 있습니다.

묘법의 실상과 독송의 공덕

구마라집 번역의 『법화경』

무릇 경전은 거울입니다. 거울 속에는 길이 있습니다. 길은 이르는 곳마다 나 있습니다. 그리고 길은 내가 걸음을 옮기는 순간 이미 시작됩니다. 걸음이 끝나는 곳은 벽입니다. 벽이 끝나는 곳에는 다시 길이 있습니다. 길은 벽과 문을 이어주는 매개항입니다. 하여 벽은 길의 시작이자 길의 문입니다.

『법화경』은 재가 보살을 중심으로 한 보살집단 중에서도 보다 진보적이고 신앙심이 강렬한 집단에 의해 결집된 것으로 추정됩니다. 한역된 것으로는 『정법화경』(축법호, 286년)과 『묘법연화경』(구마라집, 406년) 그리고 『첨품묘법연화경』(사나굴다와 급다, 601년)이 있습니다. 이 중에서 가장 널리 읽혀온 것은 『묘법연화경』입니다. 축법호가 '사드 다르마'를 '정법'(正法, saddharma)이라고 했던 것을 구마라집은 '묘법'(妙法)으로 고쳤습니다.

구마라집 역장에 참여했던 도생(道生, ?~434)은 현존 최초의 주석서인 『묘법연화경소』에서 "묘법이란 형태도 없고 소리도 없으며, 모든 사고영역을 초월한 것"이라고 했습니다. 광택사 법운(法雲)은 『법화경의기』에서 "묘란 상대적인 것[麤]을 초월한 경우를 가리키는 것"이라고 했습니다. 이처럼 묘법은 곧 연기된 제법의 '있는 그대로의 모습'을 의미합니다.

지의(智顗, 538~597)는 『법화현의』에서 이 "묘는 '절'(絕)이며 '절'은 '묘'의 다른 이름이다"고 했습니다. 즉 천태는 이 '묘'를 '절대도 아니고 상대도 아닌 것'[非絕非待]이며 '상대도 끊어버리고 절대도 끊어버린 것'[滅待滅絕]으로 정의했습니다.

'묘'의 수식을 받는 '법'(法)은 문맥에 따라 '법의 고유한 본성'(法性) 혹은 '연기한 모든 것'[諸法]으로 확장됩니다. 하여 법성은 본연으로서의 자연을 말하고, 법계는 심신으로서의 자연을 가리킵니다. 따라서 묘법은 곧 본연으로서의 자연에 상응하는 제법실상(諸法實相)과 구원실성(久遠實成)의 다른 표현이라 할 수 있습니다.

『법화경』(28품)을 관통하는 주제는 세 가지 가르침을 거두어 하나의 가르침으로 귀결시키는[會三歸一] 것입니다. 해서 이 경전의 전반부(1~14품)를 '적문(迹門)법화'라고 하고 후반부(15~28품)를 '본문(本門)법화'라고 합니다. 적문법화에서는 제법실상의 교설을 설하고, 본문법화에서는 구원실성의 교설을 설하고 있습니다.

제법실상은 연기된 제법의 진실한 모습을 말합니다. 모든 존재의 참다운 모습은 서로 의지하고 관계 맺으면서 이루어지고 있습니다. 하여 나와 너, 생사와 열반, 범부와 성인 등이 서로 하나의 경계 속에 있다고 파악할 때 모든 존재의 실제의 모습을 볼 수 있다고 보는 것입니다.

구원실성은 부처님의 성불은 이미 아득한 옛날에 이루어졌다고 보는 것입니다. 이것은 부처님의 수량이 헤아릴 수 없음을 말하는 것입니다. 그러므로 우리는 유한한 생명에 사로잡히지 말고 영원한 생멸을 자각할 때 삶의 참다운 모습과 모든 존재의 참다운 실상을 깨닫게 됩니다.

『법화경』은 인연으로 생겨난 모든 것들의 진실한 모습을 담고 있습니다. 해서 이 경전은 다르마[法]를 통해 연꽃으로 펼쳐진 만상을 해명하는 대승경전의 꽃으로 평가됩니다. 보살의 생애를 연꽃에 비유하고 있는 「종지용출품」은 "연꽃이 물에 젖지 않는 것처럼/ 지금 여기서 그들은/ 대지를 벌리고 모여드네"(세간법에 물들지 않는 것/ 연꽃이 물에 있는 것처럼/ 땅으로부터 솟아오르네, 羅什 역)라고 그려내고 있습니다. 여기서 연꽃은 청련과 홍련이 아니라 연꽃 중의 연꽃인 백련입니다. '지혜로운 이는 비유를 통해 앎을 얻는 것처럼'(如智者因譬得解) 이 경 역시 여러 가지 비유를 종횡무진 활용하고 있습니다.

천태 지의는 이 『법화경』의 적문과 본문에다 연꽃의 비유를 원용하고 있습니다. 적문의 비유에서는 첫째, 연꽃이 연실(蓮實)을 맺기 위하여 피는 것처럼 붇다는 먼저 방편을 설한 다음 진실을 설한다. 둘째, 연꽃이 피면 연실이 나타나는 것처럼 붇다는 수행이 좀 이루어진 중생을 위하여 방편 속에 포함된 진실의 가르침을 드러냅니다. 셋째, 연꽃이 떨어진 다음 연실이 성숙하여 드러나는 것처럼 붇다는 근기가 무르익은 중생들에게 방편교를 폐하고 진실교를 가르칩니다.

본문의 비유에서는 첫째, 석가모니 붇다는 부다가야의 보리수 밑에서 성불하셨다고 적문에서 말하지만 사실은 아득한 옛날에 이미 성불한 붇다임을 나타나고 있습니다. 둘째, 석가모니 붇다인 현재의 적불을 나타내어 구원의 본불을 나타내고 있습니다. 셋째는 현재의 적불을 폐지하고 구원의 본불을 세우고 있습니다. 이같은 본문과 적문의 비유는 이후 천태교학의 주요한 축이 되었고 화엄교학에도 영향을 미치었습니다.

이 경전의 가장 정형화된 비유로는 '화택삼거의 비유'(제3「비유품」), '장자궁자의 비유'(제4「신해품」), '삼초이목의 비유'(제5「약초유품」), '도사화성의 비유'(제6「화성유품」), '의리계주의 비유'(제7「오백제자수기품」), '계중명주의 비유'(제14「안락행품」), '양의지약의 비유'(제16「여래수량품」)입니다.

'불타는 집의 세 수레의 비유'에서는 양이 끄는 수레, 사슴이 끄는 수레, 송아지가 끄는 수레로 표현되는 성문, 연각, 보살의 삼승법과 한 큰 흰 소가 끄는 수레로 표현되는 일불승법의 대비를 통해 방편이 어떻게 진실로 귀결되는가를 보여주고 있습니다. 중생들은 방편을 매개하지 않고는 진실을 알 길이 없습니다. 때문에 이 비유에서는 삼승의 방편을 시설하여 일승의 진실을 전달하는 것입니다.

'장자의 가난한 아들의 비유'에서는 어릴 때 집을 떠난 아들이 차제(次第)의 설법을 통하여 아들로 복귀하여 재산을 상속받는 것처럼 중생들이 일승을 깨닫고 수기를 받게 되는 과정에 대해 전하고 있습니다. 이것은 『성서』의 탕자의 비유에 영향을 끼친 것으로 알려져 있습니다.

'세 뿌리 약초와 두 그루 나무의 비유'에서는 한 모습 한 맛인 여래의 설법에 대해 능히 알고 믿고 수지하지 못하는 중생들에게 여래의 법은 해탈상이며 열반의 상도 떠난 모습이며 생사열반이 없다는 상마저 떠난 모습이어서 마지막에는 평등과 차별을 아울러 이해하는 붇다의 지혜에 이르게 됨을 설하고 있습니다.

'길잡이가 변화로 만든 성으로 이끄는 비유'에서는 길잡이를 따라 길을 가던 사람들이 길 가운데에서 피로함과 게으름을 핑계 삼아 겁을 내고 두려워하여 나아가지 않으려 하자 방편을 써서 변화로 한 성을 만들어 그들에게 휴식을 시킨 뒤 다시 악도를 면하게 하고 마음껏 편안함을 누릴 수 있게 하는 일불승법에 대해 언표하고 있습니다.

'옷 속의 보배 구슬 비유'에서는 부유한 친구의 집에 만취하여 누워있는 어떤 이에게 옷 속에 보배 구슬인 여래장을 묶어 두었지만 알지 못하고 떠난 그가 옷가지와 먹을 것을 구하기 위해 고생하다가 다시 친구를 만나 자신의 무명을 깨우치고 수기를 받게 됨에 대해 설하고 있습니다.

'살상투 속의 밝은 구슬의 비유'에서는 작은 나라 왕들과 싸우는 힘센 전륜성왕이 용감하게 싸우는 병사들에게 자신의 머리속에 감추어 두었던 믿기 어려운 보배 구슬을 주지 않다가 탁월한 무공을 세운 병사들에게 주는 것처럼 붇다는 온갖 번뇌를 깨뜨린 수행자에게 『법화경』의 수지에 대해 역설하고 있습니다.

'어진 의사가 좋은 약을 지어 먹이는 비유'에서는 어떤 어진 의사가 다른 나라에 갔을 때 여러 아이들이 독약을 잘못 마시고 본심을 잃거나 혹은 아직 본심만은 잃지 않았을 때 멀리로부터 돌아온 아버지가 조제한 좋은 약을 먹지 않자 다시 고국을 떠나 거짓 죽음을 알리게 하여 여러 아이들이 아버지가 만들어 둔 약을 먹고 병이 다 나은 것에 대해 설하고 있습니다.

이처럼 『법화경』의 일곱 비유는 여타의 경과 달리 매우 구체적이라 할 수 있습니다. 이렇게 많은 비유가 원용되고 있는 것은 이 경이 그만큼 대중성을 지녔음을 반증하는 것이라고 할 수 있습니다. 이 때문에 이 경전에는 독송의 영험담이 두텁게 쌓여 있습니다.

백제 위덕왕 때의 혜현은 어려서 출가하여 평생을 『법화경』

을 외웠습니다. 그는 『법화경』을 외우는 일로서 업을 삼아 기도하여 영묘한 감응이 매우 많았습니다. 수덕사에 살 때에는 신도가 있으면 불경을 강론하고 없으면 염송했으므로 사방 먼 곳으로부터 그의 학풍을 사모하여 방문 앞에는 언제나 신발이 가득했습니다. 하지만 차차 번거롭고 시끄러움을 싫어하였습니다. 드디어 강남의 달나산에 가서 살았는데 산이 매우 험하여 사람들이 내왕하기 힘들었습니다.

혜현은 고요히 앉아 세상살이에 대한 생각을 잊고 산속에서 세상을 마쳤습니다. 동학들이 시신을 옮겨 돌방 속에 모셔 두었습니다. 어느 날 범이 그의 유해를 다 먹어버렸으나 해골의 혀만 남겨 두었습니다. 그런데 추위와 더위가 세 번 지나갔지만 그의 혀는 오히려 붉고 연했습니다. 그 뒤에는 변해서 붉고 단단하기가 돌과 같았습니다. 승려와 신도들이 그것을 공경하여 돌탑에 간직해 두었습니다. 이처럼 혜현의 혀와 같이 『법화경』을 독송한 혀가 불속에서도 타지 않은 연꽃으로 은유된 영험담은 숲을 이루고 있습니다.

보살의 세계와 깨달음의 세계

실차난타 번역의 『화엄경』

우리는 고전(古典) 속에서 살고 있습니다. 고전은 동시대성의 발견을 통해 보편적 인간이해의 길을 열어줍니다. 보편성은 '있는 것'(존재)과 '있어야 할 것'(당위) 사이 거리의 최소화와 살아있는 것들의 생물학적 조건의 동일성 위에서 확보될 수 있습니다. 우리가 고전에 빠져들게 되는 것은 그 메시지가 머금고 있는 보편성 때문만은 아닙니다. 오히려 고전의 메시지를 강렬하게 환기시켜 주는 수사학에 힘입기 때문이라고 할 수 있습니다. 『화엄경』에서 보현보살은 선재동자에게 자신의 "살갗을 벗겨 종이로 삼고/ 뼈를 쪼개 붓을 삼으며/ 피를 뽑아 먹물로 삼아/ 경전을 베껴 써서/ 수미산만큼 쌓아가듯이/ 진리를 소중히 여기므로/ 몸과 목숨을 아끼지 아니하는" 존재가 보살임을 역설하고 있습니다. 이 구절이 우리에게 강력히 다가오는 것은 그 메시지에 상응하는 시적 양식과 수사적 장치 때문입니다.

비유(比喩)는 늘 수사법의 중심에 있었습니다. 이것은 시공의 무수한 비판의 칼날을 견디고 살아남은 고전의 화법이 잘 보여주고 있습니다. 붇다 역시 "마치 지혜로운 이가 비유로 알 수 있는 것처럼"(如智者因譬得解)이란 표현을 경전 곳곳에서 쓰고 있습니다. 때문에 화자(작자)의 언설을 청자(독자)에게 전달하는 수단으로서 비유가 상용되어 왔음을 알 수 있습니다. 서양의 수사학자들은 '등가(等價)에로의 전이의 의미'를 지닌 비유를 직유(直喩)와 은유(隱喩), 환유(換喩)와 제유(提喩)로 분류하였습니다.

추론적이고도 일시적인 가교인 직유는 은유보다는 시각적인 경향성을 띄고 있습니다. 이것이 두 가지 현상의 극적이고 절대적이며 또한 직관적인 동일화를 도모하는 은유와 변별되는 점입니다. 이와 달리 제유는 어떤 개념에 있어 해당 개념의 의미의 일부분을 취함으로써 그 개념이 취하고 있는 전 의미를 모두 담아내는 서술형태를 말합니다. 환유는 어떤 사물이 그 사물과 관련된 다른 어떤 것을 대신하기 위하여 전이되는 것입니다. 현대 수사학은 바로 이 은유와 환유로 살아남아 있습니다.

불경의 형식과 내용의 분류틀인 삼장 십이분교에도 비유(譬喩, 아바다아나)가 있습니다. 비유는 교리를 알기 쉽게 전달하기 위해 당시에 널리 알려지거나 사용되는 비근한 예나 우언을 들어 설하는 형식입니다. 수사학의 역사에서 비유(比喩)는 설득의 수단인 수사학 본래의 정의를 가장 잘 보여주는 형식입니다. 즉 두 사람의 대화 속에서 한 사람은 자신의 생각을 전달하는 방식 중 전이(轉移)의 형식인 비유를 원용하여 전달함으로써 메시지를 보다 생생하게 되살려 전합니다. 따라서 메시지를 전달하는 사람이 그 대화의 본의를 잃지 않을 때에야 비로소 비유는 전이의 형식이 될 수 있습니다. 그렇다면 비유와 메시지는 어떻게 만날 수 있을까요.

'만법을 통섭해서 일심을 밝히는'『화엄경』의 메시지는 비유를 통해 소통의 장이 증폭됩니다. 7처(處) 9회(會) 39품으로 된 신역『화엄경』은 지상 세 곳에서 설해지고, 천상 네 곳에서 설해집니다. 지상의 보광법당에서는 모두 세 번 설해지고 있습니다. 경전의 서두는 먼저 보현보살이 붇다의 내면적 깨달음의 경계를 설하는 법보리도량(6품)이 시설되어 있습니다.

뒤이어 문수(文殊)보살이 믿음에 대해 설하는 보광명전(6품), 법혜보살이 십주 법문을 설하는 도리천(6품), 공덕림보살이 십행 법문을 설하는 야마천(4품), 금강당보살이 십회향 법문을 설하는 도솔천(3품), 금강장보살이 십지 법문을 설하는 타화자재천(1품), 주로 보현(普賢)보살이 깨달음에 대해 설하는 중보광명전(11품), 보현보살이 묘각을 설하는 삼중보광명전(1품)을 거쳐 마지막으로 문수보살이 보현보살에게 해탈문을 설하는 급고독원(1품)으로 구성되어 있습니다.

경전에서는 붇다의 성도 장소인 적멸도량과 보광법당이 있는 지상에서 출발하여 육욕천 가운데 도리천-야마천-도솔천-타화자재천의 천상으로 올라갔다가 다시 보광법당이 있는 지상으로 내려오고 있습니다. 설주는 보현보살-문수보살-여러 보살-보현보살의 순으로 설해지고 있습니다. 보현보살은 앞뒤로 네 번에 걸쳐 설주로 등장합니다. 십지의 구극인 불과(佛果)도 보현보살을 통하여 설해지고 있습니다. 이처럼 비로자나불을 대신하는 보현보살은 붇다의 내면적 깨달음의 경계와 붇다의 과위와 붇다의 과위의 실천적 응용(佛果行用) 등을 설하는 보현경전의 설주로 등장하고 있는 것입니다.

그런데 이들 보살들의 메시지는 원만한 수이자 완성의 의미를 지닌 십수(十數)와 비유를 끌어들여 묘사되고 있습니다. "믿음은 도의 근원이며 공덕의 어머니여서/ 모든 선한 법을 길러내며/ 의심의 그물 끊고 애정 벗어나/ 열반의 위없는 도 열어 보이네" 라든가 "믿음은 썩지 않는 공덕의 종자/ 믿음은 보리수를 생장케 하며/ 믿음은 수승한 지혜 증장케 하고/ 믿음은 온갖 부처 나타내 보이네"라는 게송에서 보이는 것처럼 게송의 운문이든 장항의 산문이든 대체적으로 비유로서의 은유를 적극적으로 원용하고 있습니다.

「여래현상품」(2품)에서 세존은 깨달음의 세계를 그대로 보이기 위해 미간 백호로 광명을 내어놓습니다. 방광의 입각지인 미간 백호는 붇다의 몸 중에서도 가장 위에 있음을 의미합니다. 그리고 그것은 제일 중요한 깨달음의 세계를 은유하고 있습니다. 「광명각품」(9품)에서 세존은 신심이 붇다의 과위에 오르는 바탕이 됨을 의미하기 위해 두 발바닥으로 광명을 내어 시방 일체 세계를 비추고 있습니다. 뿐만 아니라 빼어날 수(殊)자를 쓴 문수보살 이외의 구수(九首) 보살의 돌림자가 머리 수(首)인 것은 붇다의 의업(意業)세계가 한량없음을 보이는 것입니다. 이것 역시 은유 또는 환유를 통해 그 의미를 전이시키는 것입니다.

「수미정상게찬품」(14품)에서 열 명 보살의 돌림자가 모두 지혜 혜(慧)자인 것은 지혜가 보살행의 바탕이 됨을 의미하고 있습니다. 또 두 발가락으로 광명을 놓아 수미산 꼭대기를 비춤으로 그려지고 있습니다. 「도솔궁중게찬품」(24품)에서 세존은 두 무릎으로 광명을 놓아 시방법계를 두루 비추며 신통을 나툽니다. 이것은 법신이 색신을 통해서 중생 앞에 나타나는 것을 의미하는 것입니다. 즉 방광의 처소가 미간 백호 - 두 발바닥 - 두 발 가락 - 두 무릎 등으로 옮겨가면서 그 의미가 전이되고 있습니다. 그러니까 위치의 이동, 이름자의 돌림, 십수의 안배 등이 모두 비유의 상징적 의미로 치환되고 있습니다.

「야마궁중게찬품」(20품)의 '유심게'에 보이는 것처럼 "마음이 화가와 같아서/ 모든 세간을 그려내나니/ 오온이 마음 따라 생기어서/ 무슨 법이든 짓지 못함이 없도다"라든가, "만일 어떤 사람이/ 삼세 일체 부처님을 알고자 한다면/ 마땅히 법계의 성품을 관하라/ 모든 것 오직 마음이 지어냄이로다"라는 게송은 모두 비유를 원용하고 있습니다. 『화엄경』(60권본)에서는 "마음과 같아 부처도 그러하고/ 부처와 같아 중생도 그러하니/ 마음과 부처와 중생/ 이 셋이 차별이 없다"라는 게송은 마음과 부처와 중생의 무차별을 직관적인 동일화를 의미하는 은유로 풀어내고 있습니다.

「여래출현품」(37품)에서는 여래의 법신을 열 가지 비유로 설하고 있습니다. 특히 허공으로 여래의 존재양상을 보이고[性], 광명으로 법신의 작용과 덕상을 보이고[起] 있습니다. 또 다섯 번째의 '생맹'(生盲)의 비유는 어둠과 빛의 이미지를 원용하고 있습니다. 즉 "여래의 지혜 해는 날 때부터 신심의 눈이 없는 생맹 중생까지도 이롭게 하여 선근을 길러 성취하게 하니, 지혜 햇빛을 보지는 못하더라도 그 이익은 얻는다"고 기술되어 있습니다.

지혜 해와 생맹의 어둠은 실체로서 존재하지 않습니다. 다만 인식의 전환을 통해 분기할 뿐입니다. 위의 비유는 화엄세계가 비로자나 법신의 출현이라는 것을 믿기 어려워하는 이들을 깨우쳐 주는 말씀입니다. 과학과 기술이 뒤덮은 지난 세기 이래 우리는 눈에 보이고 손에 잡히는 것만을 존재하는 것으로 여겨 왔습니다. 그리하여 우리는 많은 것을 잃어버렸습니다. 빛과 어둠의 비유가 일깨워주는 것처럼 이제 우리는 연기와 성기(性起)의 긴장과 탄력의 지평 위에서 실상을 바로 보아야 합니다. 그러할 때 비로소 과학 기술로 왜소해진 우리들의 인식의 지평을 넘어 다시 장대한 상상력의 필드로 옮겨갈 수 있을 것입니다.

한국에서 성립된 불교 경전

신라 찬술의 『금강삼매경』

경전은 길입니다. 인간과 세계를 잇는 길. 그 위에는 삶의 결이 수놓여 있습니다. 내가 『금강삼매경』을 접한 것은 원효(617~686)스님을 만나면서부터 입니다. 이 경은 원효의 주석서인 『금강삼매경론』으로 더 알려져 있습니다. 그 때문에 경전으로서의 정체성이 원효의 책이름 속에 묻혀버렸습니다. 아니 오히려 원효의 주석으로 인해 대중적인 경전이 되었다고 해야 할 것입니다. 학부시절 나는 원효라는 화두를 부여잡고 『금강삼매경』의 미로를 추적해 보았습니다.

도안(314~385)의 경록에는 북량(387~439)시대에 분실된 번역경이라고 하고, 승우(445~518)의 『출삼장기집』에는 이름만 있을 뿐 경전은 없어진 것으로 적혀 있습니다. 그 후 수나라의 세 목록이나 당나라의 여러 목록 등에도 빠진 경본으로 기록되어 있습니다. 때문에 위의 경전이 현존경이라고 단정할 수 없습니다. 그런데 어쩐 일인지 몇 백년이 지난 뒤 당나라 지승의 『개원석교록』(730년)에는 '잃어버렸던 것을 찾아서 편집한다'고 하면서 현존본으로 적고 있습니다.

이 경에는 유수한 대승경론의 교설이 투명돼 있을 뿐만 아니라 남북조시대에 논의된 불학의 모든 성취가 총섭되어 있습니다. 심지어 현장이래(645년) 신유식의 용어와 선종언어까지 등장합니다. 『금강삼매경』은 대승 논서의 문제와 의취가 드리워진 매우 철학적인 경전입니다.

이 경의 성립 연기설화가 실려 있는 『송고승전』「원효전」의 기록처럼 『금강삼매경』은 신라 왕비의 악성 종양(중생의 병)을 매개로 하여 검해용왕과 편집자 대안과 주석자 원효의 세 인물에 의해 출현하고 있습니다. 설하고 있는 교리 역시 붇다의 가르침에 잘 부합되고 있습니다.

내가 『금강삼매경』에 끌린 것은 이 경전의 소박함 때문입니다. 유수한 대승경전과는 달리 초기 경전인 『아함경』처럼 부처님의 인간적 모습이 배어있다는 점입니다. 이를테면 사리불과 목건련 등에서 붙이는 '존자'를 부처님의 호칭과 지칭으로 사용하고, 법을 청하는 예의의 몸가짐을 '합장 호궤'로 간추려 통칭하며, 법을 묻는 보살이나 제자들을 '선남자여!' 내지는 '보살(마하살)이여!' 또는 '장자여!'로 호칭하고, 각 품마다 청(문)법자를 달리하여 정연하게 교설을 설하고 있는 점들입니다.

이 경은 8품으로 되어 있습니다. '서품'에서는 부처님께서 기사굴산에서 대중을 위하여 일미 진실, 무생 무상, 결정 실제, 본각 이행의 가르침을 설하시고 금강삼매에 드시어 몸과 마음을 움직이지 않으시자 아가타(無去, 滅去) 비구가 이 뜻을 밝히기 위해 게송을 읊는 것으로 시작한다.

「무상법품」에는 모든 현상을 깨뜨리기 위해 모습 없음을 관하며, 「무생행품」에서는 모든 현상을 깨뜨렸지만 관하는 마음은 아직 남아있기 때문에 이 생하는 마음을 없애어 생함이 없는 행을 드러냅니다. 「본각이품」에서는 무생행이 이미 생하지 않는다면 비로소 본각을 만나 중생을 교화하여 본각의 이익을 얻으며, 「입실제품」에서는 본각에 의해 중생을 이익 되게 하면 중생은 허망으로부터 실제에 든다고 설합니다.

「진성공품」에서는 안으로의 수행은 곧 생함도 없고 모습도 없으며 밖으로의 교화는 곧 본래 이익이자 실제에 드는 것이므로 이러한 두 이익은 온갖 행을 갖추고 동시에 참다운 성품으로 드러남을 밝힙니다. 「여래장품」에서는 이 참다운 성품에 의해 모든 행을 갖추고 여래장 일미의 근원으로 들어감을 보여주며 이미 마음의 근원으로 돌아가면 할 것이 없고 또 하여지는 것도 없기 때문에 이 여섯 문(품)을 가지고 대승을 포섭하는 것이라고 설합니다.

이 경은 나로 하여금 언제나 일미로 세계를 관찰하고 그대로 실행하게 합니다. 부처님의 가르침을 대상화 하지 말고 자아화

하라고 일깨웁니다. 동시에 원효의 앵글을 통해서 이 경전을 보지 말고 나의 눈으로 비추어 보게 합니다. 깨뜨릴 수 없는 삼매 수행으로 항시 길 안에 있기를 촉구합니다.

2부 불서 이야기

1. 마명의『불소행찬』과『단정한 난다』
2. 원효의『대승기신론소』
3. 원효의『대승기신론 소·별기』와『금강삼매경론』
4. 혜초의『왕오천축국전』
5. 한정과 균의『조당집』
6. 일연의『중편조동오위』
7. 석옥의『석옥청공선사어록』
8. 경허의『조선불교중앙선원 방함록서』
9. 선역본『팔만대장경』

서사시로 읽는 붇다와 난다의 생애

마명의 『불소행찬』과 『단정한 난다』

1. 마명과 불교문학

제3차 결집을 통해 경율론 삼장이 문자로 기록되면서 불교는 광범위하게 전파됐습니다. 뒤이어 삼장에 기초한 부파불교의 교리적 발전과 찬불승들로부터 비롯된 불전문학 그리고 불탑 신앙에 의지해 대승불교가 흥기하기 시작했습니다. 불자들은 열반에 든 부처님의 진신을 직접 만나고자 벌판에다 부처님 사리를 모신 불탑을 세우기 시작했습니다. 칠보로 보시 · 공양 · 공경 · 예배하는 불자들이 모이면서 불탑 주위에는 경제권이 집중됐습니다.

그러나 재가자들이 주도했던 '불탑 신앙'은 오래 가지 못하였습니다. 찬불승들이 찬술하는 경전을 통해 공덕 신앙을 제창했던 출가자들은 이내 '경전 신앙'으로 전환시켜 갔습니다. 이렇게 되자 불자들은 점차 '부처님의 생애'와 '성불의 인연'에 대한 관심과 새로운 경전에 대한 갈망을 일으켰습니다. 이로부터 반야부를 비롯한 대승의 여러 경전들이 출현하기 시작했습니다.

대중부계의 설출세부가 전해온 대표적인 부처님 전기[佛傳]인 『마하아바스투』의 십지(十地)설이 『십지경』의 보살 십지 계위설과 관련되어 있다는 연구 결과에 의하면, 부파와 대승은 긴밀히 연속되고 있었음이 분명해 보입니다. 즉 법장부 전래의 『불본행집경』(佛本行集經) 끝부분에서 이 『마하아바스투』를 대중부는 『대사』(大事), 유부는 『랄리타비스타라』(大莊嚴), 음광부는 『불생인연』(佛生因緣), 법장부는 『석가모니불본행』(釋迦牟尼佛本行), 화지부는 『비니장근본』(毘尼藏根本)이라고 언급하고 있어 당시 각 부파의 불전문학자들이 '문학'의 스펙트럼 속에서 서로 불전을 공유하고 있었던 것으로 보입니다.

일찍이 불전연구가인 빈뎃슈는 불전문학이 본디 율장에서 발전된 것이라고 증명했습니다. 그는 『마하아바스투』의 서두에 이 텍스트가 설출세부의 율장에 수록됐다고 적힌 점과, '큰 장'을 의미하는 '마하아바스투'라는 명칭 역시 '장'이나 '절'을 나타내는 '바스투'(vastu), '박가'(vagga), '칸다카'(khandhaka) 등처럼 팔리율 대품(大品)의 제1장 '마하아칸다카'에 상당한다는 점 등을 지적했습니다.

율전에는 계 제정의 니다아나(인연)와 파계를 훈계하는 아바다아나(교훈비유)가 발달되어 있습니다. 때문에 계 제정의 인연을 담은 율장과 부처님의 성불 인연을 담은 불전은 인연과 교훈비유의 형식 속에서 자연스럽게 만날 수 있었던 것으로 보입니다. 부처님 전기[佛傳]는 부처님이 성불한 인연을 추구하고 성불을 가능하게 한 수행(本行)을 그려내고 있습니다.

즉 부처님이 그 동안 어떠한 수행을 했는지, 그리고 어떠한 경로를 거쳐 성불에 도달했는지 등을 밝혀내고 있습니다. 다시 말해서 성불하기까지의 인연(本起)과 성불을 위한 본행(本行, 所行)의 관심이 불전문학의 핵이 됐고 나아가서는 당래 성불의 수기까지도 묘사하였습니다. 때문에 이러한 물음이 자연스럽게 부처님 찬탄문학으로 발전해 갔습니다.

불교사 속에 등장하는 아슈바고샤(마명)는 대략 여섯 명입니다. 그런데 『붇다짜리따』(佛所行讚)를 지은 마명과 『대승기신론』의 저자 마명에게서 사상적 연루를 찾기는 쉽지 않습니다. 유부와 긴밀한 관계에 있었던 마명은 『불소행찬』과 『단정한 난다』 등을 지은 대시인입니다. 그는 이 두 편의 서사시로 부처님 전기 문학의 기초와 함께 이후 불교문학의 금자탑을 세웠습니다.

2. 부처님 일대기의 서사시화

'부처님 생애'로 옮겨지는 『붇다짜리따』는 기원 1~2세기에 활동했던 마명의 궁정 서사시입니다. 산스크리트 원칙에 맞추어 화려한 필치로 부처님 일대기를 그려낸 이 저술은 인도문학사에서 선구적인 서사시로 평가받아 왔습니다. 본디 28장으로 추정되는 이 저술은 현재 17장의 범본만이 남아있습니다. 14장 후반부터 17장까지는 후대에 덧붙인 것으로 알려져 있으나 일대기 내용이 현존하는 티베트 번역과 완전히 일치하고 있어 범문 원작 후반부를 잃어버린 것이 분명해 보입니다.

마명이 직접 지은 총 14장(품) 전반부는 '태어나다'[生品], '궁궐에 살다'[處宮品], '싫어하고 근심하다'[厭患品], '애욕을 떠나다'[離欲品], '성을 나가다'[出城品], '찬다카가 돌아오다'[車匿還品], '고행림에 들다'[入苦行林品], '궁중이 모두 슬퍼하다'[合宮憂悲品], '태자를 찾아가다'[推求太子品], '빔비사아라 왕이 태자에게 나아가다'[瓶沙王詣太子品]. '빔비사아라 왕에게 대답하다'[答瓶沙王品], '두 선인을 찾다'[阿羅藍鬱頭藍品], '악마들을 깨뜨리다'[破魔品], '부처가 되다'[阿惟三菩提品]까지 서술되어 있습니다.

마명 연구가인 일본의 금창원조(金倉圓照)는 『불소행찬』(5권) 번역자가 담무참(曇無讖)(412~421년 한역)이 아니라 보운(寶雲)이라고 확정하고 있습니다. 한역은 다소의 증감이 있지만 비교적 산스크리트 원본에 충실한 번역본입니다. 원문이 서사시이니만큼 전문을 5언의 게송으로 번역했지만 범본이 지닌 간결하고 명료한 부분을 번잡하게 옮긴 경우도 더러 있습니다.

추가된 14장 후반부와 15장부터는 '진리의 바퀴를 굴리다' [轉法輪品], '빔비사아라왕과 여러 제자들'[甁沙王諸弟子品], '큰 제자들이 출가하다'[大弟子出家品], '급고독 장자를 교화시키다' [化給孤獨品], '아버지와 아들이 서로 만나다'[父子相見品], '기원정사를 보시 받다'[受祈洹精舍品], '술에 취한 코끼리를 항복받다'[守財醉象調伏品], '암마라녀가 부처님을 뵈옵다'[菴摩羅女見佛品], '신이한 힘으로 수명을 유지하다'[神力住壽品], '리차비들이 떠나다'[離車辭別品], '열반에 다다르다'[涅槃品], '열반에 드시다'[大般涅槃品], '열반을 탄식하다'[歎涅槃品], '사리를 나누다' [分舍利品]까지 그려져 있습니다.

마명이 부처님 일대기를 서사시로 빚어낸 이후 그의 문학적 후계자들은 줄곧 이 형식을 이어왔습니다. 중국 승우의 『석가보』, 한국 운묵 무기의 『석가여래행적송』, 세종의 『월인천강지곡』과 김달진의 『큰 연꽃 한 송이 피기까지』 등이 『불소행찬』을 자양삼아 태어난 아들들입니다.

3. 난다 일대기의 서사시화

마명의 또 다른 서사시 『사운다라난다』(18장)는 '마하아까아비야' 형식으로 된 산스크리트 문학의 대표작입니다. '단정한 난다'로 옮겨지는 이 작품은 문학적 형식과 사상적 체계 면에서 높은 가치를 인정받고 있습니다. 『불소행찬』과 달리 이 작품은 한역이 되지 않아 널리 알려지지 않았지만 인도문학 최고 걸작품 중의 하나로 알려져 있습니다.

부처님의 배다른 동생인 난다가 부처님 지도로 출가한 뒤 수행을 통해 도를 이루는 과정을 그리고 있습니다. 카필라성에 대한 서술로부터 인왕(人王)에 대한 서술, 여래에 대한 서술, 아내의 바람, 난다의 출가, 아내의 비탄, 난다의 비탄, 부녀라는 장애, 교태를 비탄함, 천계를 구경함, 천계를 비난함, 지계를 권함, 계근(戒根)의 승전(勝捷), 초발심에 나아감(初發趣), 심사(尋思)를 끊어 버림, 성제(聖諦)의 해명, 불사(不死)의 증득, 성지(聖智)의 수기까지 총 18장으로 되어 있습니다.

즉 전반부에는 부처님이 태어난 카필라성이 본디 카필라 선인의 고행림이었지만 그것이 석가족에게 주어지게 된 경위, 도성에 대한 묘사, 난다 탄생과 부처님 탄생의 유사함 등이 그려져 있습니다. 이어 부처님의 출가, 수행, 정각, 전법륜, 카필라성 방문, 부왕과의 면담, 교화의 성과 등이 묘사되고 있습니다. 난다의 출가와 아내 순다리의 비탄, 난다의 갈등과 천계의 구경과 비난을 그려낸 중반부와 부처님의 설법을 듣고 수행에 힘써 아라한과를 얻은 난다가 부처님의 수기를 받고 감사를 표한 뒤 포교에 힘쓰게 되는 후반부로 엮어져 있습니다.

화려한 문학적 수사로 난다의 일대기를 형상화해 낸 이 저술의 목적은 저자가 믿는 불교를 설하여 사람들에게 권하려는 데에 있습니다. 외형적 모습과 저술의 태도가 소승적인 것과는 달리 대승적인 색채가 농후한 작품입니다. 특히 선정(禪定)을 작품 체계의 중심으로 삼고 있어 후세의 유가행파와의 연루를 보여주고 있습니다. 『불소행찬』에 상응하는 마명 불교문학의 또 다른 성취라 할 수 있습니다.

4. 불교문학과 대승경전

대승불교 흥기 전후인 기원전 1세기에서 기원 1세기에 이르러 본격화된 불교문학은 혼성 산스끄리뜨로 된 작품들을 통해 불교를 크게 대중화시켰습니다. 대개 운문과 산문 모두가 혼합 산스끄리뜨로 된 작품과 운문은 혼합 산스끄리뜨이고 산문은 정통 산스끄리뜨로 된 작품들이 대다수였습니다. 1~2세기의 마명과 2~3세기의 마뜨리체타(摩里制) 등으로 대표되는 불전문학자들은 속어인 쁘라끄리띠어로 된 문헌들뿐만 아니라 혼합 산스끄리뜨로 된 작품들을 탄생시켰습니다. 이들 대중적 언어들에 의해 부처님 일생 및 성불의 인연들이 문학적으로 형상화되면서 대승경전의 탄생이 자연스럽게 이루어져 갔습니다.

본디 부처님 전기는 계를 제정하는 과정을 담은 율장의 니다아나(인연)와 아바다아나(교훈비유)로부터 비롯됐지만 오래지 않아 율장에 포함된 불전이 증광되면서 율장으로부터 독립하였습니다. 이러한 변화에 힘입어 불전문학의 주체인 찬불승들이 대승경전들을 찬술하면서 문학과 경전은 연속과 불연속의 스펙트럼을 형성하였습니다. 따라서 '불교'와 '문학'의 세계관적 대립은 예정된 것이었습니다. 하여 새로운 불교문학의 과제는 불교와 문학의 건강한 어울림에 있습니다. 마명은 이들 두 기호의 소통을 성공적으로 이끌어낸 불교문학의 아버지였습니다.

원효사상의 기반 혹은 토대

원효의 『대승기신론소』

원효(元曉, 617~686)는 한국이 낳은 독창적인 사상가입니다. 그는 인도와 중국의 여러 경교(經敎)를 육화하여 '일심의 철학'을 구축했습니다. 87종 180여권이었던 원효의 저작은 22종 남짓 남아있습니다. 흩어진 것을 모은 집일본까지 치면 몇 종이 더 늘어난다. 때문에 이들 중에서 그의 대표작을 뽑아내기가 쉽지 않습니다. 원효의 사상적 역정은 일심(一心)-화회(和會)-무애(無碍)의 기호로 표현됩니다. 그리고 이들 코드는 각기 『대승기신론소』와 『금강삼매경론』과 『화엄경소』에 대응됩니다. 이 세 텍스트는 저마다 일심-화회-무애의 기호를 견지하면서도 각기 일심의 기호로 귀결되고 있습니다.

원효는 『대승기신론』의 핵심 구절을 패러디 하여 자신의 깨달음을 표현했습니다. 그는 무덤 속에서 잠을 자다 동티(動土)를 만났습니다. 어제 잤던 땅막(土龕)과 오늘 잤던 무덤(鬼墳)을 대비해 보았습니다. 깨끗한 마음과 때묻은 마음은 이미 일심 속에 있었습니다. 순간 원효는 둘이라는 분별이 생겨나기 이전의 '한 마음'(一心)을 발견했습니다. 때문에 중국으로의 공간 이동은 무의미했습니다. 그는 '따뜻한 마음'이자 '넉넉한 마음'인 일심을 통해 자신의 철학을 입론했습니다. 그 위에서 독자적인 해석의 꽃이 피어났습니다.

『대승기신론』은 일심(一心) - 이문(二門) - 삼대(三大) - 사신(四信) - 오행(五行) - 육자법문(六字法門)의 틀로 되어 있습니다. 여기서 '대승'은 일심이자 중생심입니다. '기신'(起信)의 '기'는 이 논서의 글에 의하여 중생의 믿음을 일으킴을 의미합니다. '신'(信)은 결단코 그러하기에 진리에 대해 믿을 수밖에 없음을 뜻합니다. 그래서 이치가 실제로 있음을 믿으며, 닦아서 얻을 수 있음을 믿으며, 닦아서 얻을 때에 무궁한 덕이 있음을 믿는 것입니다. 믿음은 한량없는 공덕이 있으므로 이 논서에 의해 발심하게 되기에 '기신'이라고 말하고 있습니다. '론'은 인간이 실천해가야 할 이치를 밝힌 글입니다.

원효의 기신론관은 화합식(和合識)으로서의 아뢰야식을 구체적으로 예증하고 있습니다. 그는 근본 무명이 맑고 깨끗한 마음(심진여문)을 훈습함으로써 깨닫지 못한 마음이 처음으로 나타나는 무명업상(無明業相), 이 극미한 동념에 의해 소연경의 대상을 볼 수 있게 되는 전상(轉相), 이 전상에 의하여 경계가 실제

있는 것처럼 나타나게 되는 경계상의 세 가지 미세한 마음[三細]이 제8 아뢰야식에 해당된다고 했습니다. 원효는 자성청정(自性淸淨)의 깨달음의 특징을 내적인 관행[自利]과 외적인 현실참여[利他]로 파악했습니다. 하여 마음의 근원에 이른 깨달은 이는 깨달은 상태에 안주하지 말고 이를 다시 사회에 환원할 것을 역설했습니다.

원효는 이 논서의 구도에 입각하여 '한 마음'의 맑고 깨끗한 측면의 설명에 치중하는 중관(中觀)사상과 마음의 물들고 때묻은 측면의 해명에 집중하는 유식(唯識)사상을 종합 지양하여 중도 지혜의 활로를 열어 젖혔습니다. 그는 『중론』과 『십이문론』 등의 사상은 "모든 집착을 두루 깨뜨리며 또한 깨뜨리는 것과 깨뜨림을 당한 것을 다시 인정하지 않아 "깨뜨리기만 할 뿐 세우지 못하여 보내기만 하고 두루 하지 못하는 논"이라고 했습니다. 이와 달리 『유가사지론』과 『섭대승론』 등의 사상은 "깊고 얕은 이론들을 온통 다 세워서 법문을 판별하였으되 스스로 세운 법을 모두 버리지 아니하여서 세우기만 할 뿐 깨뜨리지 않고 주기만 할 뿐 빼앗지는 못하는 논"이라고 정의했습니다. 하지만 『대승기신론』은 "세우지 않는 바가 없으면서 스스로 부정하고, 깨뜨리지 않는 바가 없으면서 도리어 인정하는 모든 논서의 조종이며 모든 쟁론을 평정시키는 주인"이라고 격찬하였습니다.

원효는 이 논서의 '한 마음'과 '진여-생멸'문의 구도를 통해 자신의 사상적 구조로 원용하였습니다. 그의 오도 과정도 『기신론』의 일심 이문의 구조 그대로였습니다. 그 체계는 논서의 일부만을 주석한 젊은 시절의 『별기』(해동별기)와 달리 만년에 지은 『소』(해동소)에 잘 담겨져 있습니다. 원효의 『해동소』는 이 논서의 삼대 주석서 중 위찬(僞撰) 설이 있는 혜원의 것과 분과(分科)와 언구(言句) 해석에 있어서 원효 것을 그대로 답습한 법장의 것과는 크게 변별됩니다.

'해동'은 여타의 중국 것과 변별되는 원효 주석의 '독자성'에 부여된 별칭이었습니다. 따라서 그는 『대승기신론소』를 통해 이 논서의 가치를 제일 잘 드러내었고 가장 잘 육화한 사상가로 평가받고 있습니다.

원효를 어떻게 읽을 것인가

『대승기신론 소·별기』와 『금강삼매경론』

1. 원효는 누구인가

원효(617~686)는 반만년에 이르는 한국역사에서 가장 빼어난 인물입니다. 모두 87부 180여권의 저술을 지은 그는 신라 초기에 태어나 통일 전후기를 중심으로 활동하였습니다. 어릴 때 이름은 어머니가 그를 가진 지 열 달이 되어 외갓집으로 가는 길 가의 밤나무 밑에서 아버지의 털옷을 가리고 태어났다고 해서 '새털'[誓幢]이라고 불려졌습니다. 이후 그의 이름은 '새벽'을 뜻하는 영남지방의 방언인 '새부'(塞部)로 일컬어졌습니다. 나아가 '첫새벽'을 뜻하는 '원효'(元曉)와 '시단'(始旦)으로도 알려졌습니다. 이 모두가 이 땅 신라의 첫새벽을 열어나가겠노라는 다짐의 표현이기도 합니다.

원효는 10세 미만인 팔 구세[丱髮之年, 丱歲]의 나이 무렵에 출가하여 여러 스승들의 영향을 받으며 자랐습니다. 그는 어릴 때부터 따르는 (일정한) 스승 없이 배우고 물었습니다[學不從師]. 울주 영축산의 낭지(朗智)화상과 포항 오어사의 혜공(惠空) 화상이 길라잡이 역할을 해 주었으나 그는 스승 없이 스스로 깨달았다[無師自悟[고 알려져 있습니다. 원효의 어린 시절은 아직 신라에 불교가 공인된 지 100여년에 지나지 않았던 초창기였기에 계단(戒壇)에 의해 계를 받고 스승을 정하는 과정이 엄격하게 정립되지 않았던 때였으므로 자세히 알 수 없습니다.

때마침 보리유지 번역의 『유가사지론』 17품(舊譯)을 읽다가 범어 원전을 직접 보아서 확인하겠다고 다짐을 한 중국의 현장(602~664)이 부처님의 성지를 순례하겠다는 원력을 세우고 인도로 향해 떠난 지 17년 만에 돌아왔습니다. 긴 유학을 마치고 돌아온 현장은 동아시아에 새로운 불교사상[新譯 唯識]을 펼치며 여러 경론들을 번역하였습니다. 이 소식을 들은 원효는 후배인 의상(625~702)과 함께 현장이 주석하는 자은사 문중을 흠모하여 장안(서안)의 자은사를 향해 유학의 길을 떠났습니다.

때는 마침 우리나라에 장마가 막 시작되는 6월 하순이었습니다. 서라벌을 떠나 문경 새재를 넘어 충주를 거쳐 당나라의 관문과 최단 거리의 항구인 수원 화성의 남양만을 향했습니다. 밤이 되자 잠자리를 찾았으나 여의치 않아 주위의 어느 땅막[土龕]에서 피곤한 심신을 누이고 편안한 잠에 들었습니다. 이튿날도 길을 계속 가다가 또 밤을 맞이하였습니다. 하는 수 없이 잠자리를 찾다가 퇴락한 무덤[鬼鄕] 속에서 한 밤을 더 자게 되었습니다. 원효는 가까스로 잠에 들기는 했으나 동티[動土]를 만나 정신이 매우 뒤숭숭하였습니다. 더 이상 잠을 잘 수가 없었습니다. 갑자기 왜 이럴까 의아해 하면서 일어나 자신의 마음을 돌아보는 순간 전광석화와 같이 깨달았습니다.

> 어젯밤 잠자리는 땅막[土龕]이라 일컬어서 또한 편안했는데[前之寓宿, 謂土龕而且安],
> 오늘밤 잠자리는 무덤[鬼鄕]이라 내세우니 매우 뒤숭숭하구나[此夜留宵, 託鬼鄕而多崇].
> 마음이 생겨나므로 갖가지 현상이 생겨나고,
> 마음이 사라지므로 땅막과 무덤이 둘이 아님을 알겠도다![則知心生故種種法生, 心滅故龕墳不二]
> 또 온갖 현실은 오직 내 마음이 만들어 내고[又三界唯心],
> 모든 현상은 오직 내 인식이 만들어 낸다[萬法唯識].
> 마음 밖에 현상이 없는데[心外無法],
> 어디에서 따로이 구하랴?[胡用別求]
> 나는 당나라에 들지 않겠다[我不入唐].

그리고는 원효는 바랑을 메고 신라 서라벌로 돌아갔습니다. 이것은 원효의 오도송입니다.

여기서 원효는 인간이면 누구나 지니고 있는 한 마음(一心)을 깨달았던 것입니다. 인간의 보편성을 깨달은 원효는 더 이상 중국으로의 유학의 필요성을 느끼지 못했습니다. 원효에게는 이미 신라인이 지니고 있는 마음과 중국인이 가지고 있는 마음이 둘이 아니었습니다. 그리하여 그는 모든 것의 근거인 일심이 지니고 있는 두 가지 모습(心眞如門－心生滅門)과 그 두 가지 측면을 아우르는 일심을 또렷하게 발견하였습니다.

원효의 깨달음은 일심의 발견을 통해 이루어졌던 것입니다. 단순한 공간 이동의 무의미함을 깨달은 원효는 이 땅의 독자적인 사상가로 성장했습니다. 원효의 오도송은 당시 불교사상사의 핵심적인 주제인 '심(心)'과 '식(識)'의 기호를 통섭하는 것이었습니다. 그래서 그는 당시의 주류 교학이었던 유식과 화엄의 기호인 '식'과 '심'에 집중했습니다. 그것은 곧 '번뇌가 있는 유루식(有漏識)을 전환시켜서, 번뇌가 사라진 무루심(無漏心)을 얻는 것'이었습니다. 이 전식득지(轉識得智), 다시 말해서 미혹을 전환시켜 깨침을 여는 것[轉迷開悟]이 수행의 진정한 목표였기 때문입니다.

원효의 오도송에서 주목되는 것은 바로 인식의 문제입니다. '땅막이라 일컬으니' 마음이 불생불멸하는 연속의 마음 성채(心城)에 번뇌의 파도가 들이칠 틈이 생기지 않았는데, '무덤이라 내세우니' 찰라생 하고 찰라멸 하는 마음의 불연속(단절)으로 생겨난 틈 속으로 번뇌의 파도가 들이쳤던 것입니다. 이 인식으로부터 비롯된 마음 작용의 연속과 불연속의 계기가 결국 원효의 깨달음의 모티프가 된 것입니다.

무덤 속에서의 일대 전기는 일심-화회-무애로 이어지는 원효의 역정은 존재-인식-실천의 역정 속에서 확연하게 드러났습니다. 아울러 언어종자와 업종자, 인식과 마음, 땅막과 무덤의 경계도 또렷이 발현되었습니다. 하여 무덤 속에서 이루어졌던 깨달음은 이후 그의 저술 세계에 깊은 영향을 미치게 됩니다. 원효가 보여준 '치밀한 사고력'[一心], '활달한 문장력'[和會], 그리고 '넘치는 인간미'[無碍]는 이후 그의 역정에서 빛을 발하는 세 축이라 할 수 있습니다. 그 위에서 인간 원효의 저술 87종 180여권이 탄생되었던 것입니다.

그의 저술은『대승기신론』계통 8종을 비롯해서 유식, 정토, 계율, 화엄 계통 등 불교 전 분야에 걸쳐 있습니다. 현존하는 저술은 20여종이며 그의 대표적인 저술은『금강삼매경론』,『대승기신론소』,『대승기신론별기』,『화엄경소』,『십문화쟁론』,『열반종요』등이라고 할 수 있습니다. 여기에서는 우선 그의 대표작이자 출세작인『대승기신론소 · 별기』와『금강삼매경론』을 중심으로 살펴보겠습니다.

2. 원효의『대승기신론 소 · 별기』이야기

『대승기신론』은 '대승에 대한 믿음을 일으키는 논서'입니다. 원효는 '대승'의 '대'는 '법'에 해당하는 이름이며 '널리 감싸는 것으로 뜻을 삼는다'고 했습니다. 그리고 '승'은 '비유에 붙인 이름'이며 '운반하는 것으로 공을 삼는다'고 했습니다. 이 논서에서 말하는 '대승'은 일심이자 중생심입니다. 부처의 마음이 아니라 '중생의 마음'이라는 데에 이 논서의 위대함이 있습니다. 대승에 대한 믿음을 일으킨다는 '기신'(起信)이란 이 논서의 글에 의하여 중생의 믿음을 일으키기 때문에 '믿음을 일으킨다'고 말하는 것입니다. '신'(信)은 '결정코 그러하다'고 여기는 말입니다. 결정코 그러하기에 믿을 수밖에 없는 '진리'이기 때문입니다. 그래서 이치가 실제로 있음을 믿으며, 닦아서 얻을 수 있음을 믿으며, 닦아서 얻을 때에 무궁한 덕이 있음을 믿는 것입니다. 믿음은 한량없는 공덕이 있으므로 이 논서에 의해 발심하게 되기에 '기신'(起信)이라고 말하는 것입니다.

『대승기신론』의 저자는 역사적으로 실존했던 여섯 명의 마명(馬鳴) 가운데 한 명으로 추정됩니다. 그런데 『대승기신론』이 말하고 있는 사상 구조로 볼 때 용수보살의 할아버지 스승인 마명은 아닌 듯합니다. 그렇게 보아야만 이 논서가 불교사상사에서 지니는 사상사적 의미를 자리매김할 수 있기 때문입니다. 『대승기신론』이 누구에 의해서 찬술되었느냐는 질문 못지않게 거듭 제기되는 물음은 이 논서가 어디에서 성립되었는가에 관한 것입니다.

어떤 이들은 인도에서 만들어졌다고도 하고, 또 어떤 이들은 중국에서 지어졌다고도 합니다만, 아마도 인도에서 찬술된 것을 중국으로 가져와서 한역(漢譯)한 것으로 보는 것이 옳을 듯합니다. 현재 범본은 존재하지 않기 때문에 이러한 추정은 더욱

더 설득력을 얻어가고 있기도 합니다. 한역본에는 진제(眞諦)삼장이 번역한 구역본과 실차난타(實叉難陀)삼장이 번역한 신역본이 있습니다. 동아시아에 널리 유통되어 연구된 것은 구역 논서입니다. 이 논서의 저자는 이 논을 지은 대의를 "중생으로 하여금 의혹을 제거하고 잘못된 집착을 버리게 하여, 대승의 바른 믿음을 일으켜 붇다의 과위(佛果)를 내는 종자가 끊어지지 않게 하고자 하기 위한 까닭"이라고 했습니다. 앞의 반은 '아래로 중생을 교화하기 위함'[下化衆生]이고, 뒤의 반은 '위로 불도를 넓히기 위함'[上弘佛道]이라 할 수 있습니다.

『대승기신론』에 대해 원효가 특별히 집중했다는 사실은 그의 많은 주석서 이름에서 알 수 있습니다. 대략 8종으로 파악합니다만 이들 모두가 현존하지 않아 확정하기는 어렵습니다. 약칭으로 남은 몇몇 종 저술 역시 『대승기신론』 관련 저술로 추정되기에 그렇습니다. 현존하는 것은 『대승기신론별기』와 『대승기신론소』 두 권 뿐입니다. 『대승기신론』에 대한 주석서는 옛날부터 담연(曇延, 516~588)의 『대승기신론의소』(上卷만 현존), 정영사 혜원(慧遠, 523~592)의 『대승기신론의소』와 원효의 『대승기신론소』 그리고 법장의 『대승기신론의기』가 가장 유명합니다. 혜원-원효-법장 이들의 세 주석서를 흔히 『기신론』 삼대 소(疏)라고 합니다.

원효는 젊은 시절에 『대승기신론별기』를 지었고, 중년 이후에 『대승기신론소』를 지은 것으로 알려져 있습니다. 그리하여 이 『기신론』에 입각하여 자신의 일심(一心)-화회(和會)-무애(無碍)로 이어지는 사상적 주축을 입론하였습니다. 특히 『기신론』의 키워드인 일심은 그가 원용하여 촘촘하게 사상적 지형도를 그려냈기 때문에 '일심'하면 먼저 원효를 떠올릴 정도로 그의 독자적 개념이 되었습니다.

원효는 이 『대승기신론』 사상에 입각하여 한 마음의 맑고 깨끗한 측면의 설명에 치중하는 중관사상과 마음의 물들고 때묻은 측면의 해명에 집중하는 유식사상을 종합 지양하여 중도 지혜의 활로를 열어 젖혔습니다. 즉 『중론』과 『십이문론』 등의 사상은 '모든 집착을 두루 깨뜨리며 또한 깨뜨린 것도 깨뜨리되 깨뜨리는 것과 깨뜨림을 당한 것을 다시 인정하지 않아' '깨뜨리기만 할 뿐 세우지 못하여 보내기만 하고 두루 하지 않는 논'[破而不立, 往而不遍論]이라고 했습니다.

이와 달리 『유가사지론』과 『섭대승론』 등의 사상은 '깊고 얕은 이론들을 온통 다 세워서 법문을 판별하였으되, 스스로 세운 법을 모두 버리지 아니하여서' '세우기만 할 뿐 깨뜨리지 않고 주기만 할 뿐 빼앗지는 않는 논'[立而不破, 與而不奪論]이라고 정의합니다. 그러나 『대승기신론』은 '세우지 않는 바가 없으면서 스스로 부정하고[無不立而自遣], 깨뜨리지 않는 바가 없으면서 도리어 인정하는[無不破而還許] 모든 논서의 조종이며[諸論之祖宗] 모든 쟁론을 평정시키는 주인'[羣諍之評主]이라고 합니다.

원효의 『기신론』관은 한 마음이 지니고 있는 맑고 깨끗한 모습의 해명에 집중하는 심진여문(心眞如門)과 물들고 때묻은 모습의 설명에 치중하는 심생멸문(心生滅門) 두 문을 일심 속에서 확보하려고 하는 데에 그 초점이 있습니다. 일심이 지니고 있는 두 가지 모습은 곧 우리들 인간의 모습이며 세계의 실상입니다. 불생불멸하는 진여의 국면과 찰라생 찰라멸 하는 생멸의 국면은 곧 우리가 순간순간 부딪치는 몸과 마음의 본체인 법계의 모습과 다르지 않습니다. 문제는 우리가 이 법계를 어떻게 인식할 것이냐에 달려 있는 것이라고 할 수 있습니다.

원효는 이 논서를 지은 대의를 대승불교의 두 정신인 '위로는 불도를 넓히고'[上弘佛道] '아래로 중생을 교화함'[下化衆生]이라는 두 축을 통해 해명하고 있습니다. 중생의 길이 생사의 바다에 빠져 열반의 언덕에 나아가지 못하는 것은 다만 의혹과 사집(邪執) 때문입니다. 그래서 하화중생의 요체는 의혹을 제거하고 사집을 버리게 하는 데에 있다고 봅니다. 원효는 대승을 구하는 자의 의혹을 1) 법을 의심하여 발심에 장애가 되며, 2) 교문(教門)을 의심하여 수행에 장애가 되는 것으로 분류합니다.

대승의 법체가 하나라면 보살이 넓은 서원을 발할 수 없고, 여럿이라면 동체의 대비를 일으킬 수가 없게 되므로 이러한 의혹 때문에 발심하지 못하는 것으로 이해됩니다. 교문의 여러 문에 의거해야 한다면 한꺼번에 들어갈 수 없게 되고, 한두 문에 의거해야 한다면 어느 것을 버리고 어느 것에 나아가야 하는

가 의심된다고 해명합니다. 그래서 이러한 두 가지 의심을 제거하기 위해서 『기신론』에서는 일심법을 세워서 두 가지 문을 열었다고 하였습니다. 일심법을 세운 것은 법을 의심하는 것을 제거하는 것입니다.

대승법에는 오직 일심만이 있어서 일심 밖에는 다시 다른 법이 없습니다. 다만 무명이 자기의 일심을 미혹하여 모든 물결을 일으켜서 육도에 유전하게 됨을 밝히는 것입니다. 비록 육도의 물결을 일으키지만 일심의 바다를 벗어나지 아니하므로 진실로 일심이 움직여 육도를 일으키기 때문에 널리 구제하는 서원을 일으키게 되는 것이요, 육도가 일심을 벗어나지 않기 때문에 동체대비를 일으킬 수 있는 것이며 이같이 의심을 제거해야만 큰 마음을 일으키게 됩니다. 그래서 교문에 대한 의심을 제거하기 위해서는 진여문에 의해 지행(止行)을 닦고, 생멸문에 의해 관행(觀行)을 일으켜, 지행과 관행을 쌍으로 부림에 만행이 갖추어져 있으므로 이 두 문에 들어가면 모든 문이 다 통하는 것이라 했습니다. 이렇게 의심을 제거해야만 수행을 잘 일으킬 수 있는 것입니다.

원효는 그의 『기신론소』의 구조를 크게 세 분과로 나누고 있습니다. 먼저 종체를 나타내고 둘째는 제목이름을 풀이했으며, 셋째는 글에 따라 뜻을 나타내고 있습니다. 특히 이 논서의 본론이 되는 셋째 부분에 대해 그는 1) 전체적으로 표시하여 설명하기를 허락하는 것과 2) 수를 들어 장(章)을 여는 것과 3) 장에 의하여 따로 풀이하는 부분으로 나눈 뒤에 이 세 번째에 대해 다시 지혜로운 이의 지은 바를 밝히는 인연분(因緣分), 이 논서의 바른 뜻을 간략히 세우는 입의분(立義分), 널리 펼쳐서 해석하여 옳은 이치를 설명하는 해석분(解釋分), 일으킨 믿음에 근거하여 나아가 닦아야 하는 까닭과 실제를 밝히는 수행신심분(修行信心分), 이익됨을 들어서 반드시 닦아야 됨을 권하는 권수이익분(勸修利益分)의 다섯 부분으로 나누어 본문(正宗分)을 해명하고 있습니다. 서분(序分)과 유통분(流通分)은 이 정종분을 설명하기 위해 앞뒤로 덧붙여진 것이라 할 수 있습니다.

이렇게 본다면 인연분에서 밝히고 있는 것처럼 『대승기신론』이 탄생하게 된 여덟 가지 인연은 모두 이 논서가 설해진 인연에 머무르지 않습니다. 1) 중생으로 하여금 모든 고통을 여의고 궁극적인 즐거움을 얻게 하기 위함입니다. 2) 여래의 근본의 뜻을 해석하여 모든 중생으로 하여금 바르게 이해하여 틀리지 않도록 하고자 하기 때문입니다. 3) 선근이 성숙한 중생으로 하여금 대승법을 감당하여 신심을 퇴전하지 않게 하기 위해서입니다. 4) 선근이 미세한 중생으로 하여금 신심을 수행하여 익히게 하기 위해서입니다. 5) 방편을 보여서 악업장을 없애서 그 마음을 잘 호위하고 어리석음과 교만함을 멀리 여의어 사악한 그물에서 벗어나게 하기 위해서입니다. 6) 지행(止行)과 관행(觀行)을 수습함을 보이어 범부와 이승의 마음의 허물을 대치(對

治)하기 위해서입니다. 7) 염불에 전일(專一)하는 방편을 나타내어 부처님 앞에 왕생하여 반드시 절대로 신심을 퇴전하지 않게 하기 위해서입니다. 8) 이익을 보여 수행을 권고하기 위해서입니다.

이 논서에 대해 많은 주석을 남긴 원효에게 있어 이들 인연은 수행자 원효가 뭇삶들을 향해 품은 인연이라고도 할 수 있을 것입니다. 원효는 전 생애를 그렇게 생각하며 살았기 때문입니다. 즉 지은이가 논서를 짓게 된 여덟 가지 인연에 대해서 설하는 인연분, 바른 뜻을 세우는 입의분, 논서의 핵심을 널리 설명하는 해석분, 나아가 닦아야 하는 수행신심분, 이익됨을 들어 닦아야 함을 권하는 권수이익분으로 되어 있습니다.

특히 해석분에서는 일심-이문-삼대-사신-오행-육자법문에 대해 촘촘하게 해명하고 있습니다. 뒤 이어 해석에 의하여 믿음을 일으켰기에 반드시 나아가 닦아야 할 것에 대해 논하는 수행신심분과 신심을 수행하는 법문을 나타냈지만 선근이 박약한 사람은 즐겨 수행에 나아가려 하지 않기 때문에 이익됨을 들어서 반드시 닦아야 함을 권하는 권수이익분이 대승보살의 구체적인 수행의 실제로서 제시되고 있습니다. 『기신론』의 기본 뼈대는 일심과 이문의 관계를 중심으로 전개되고 있습니다. 해서 이문에 대한 정확한 이해는 곧 일심에 대한 명료한 이해를 가져오게 합니다.

원효는 『대승기신론』에서 '대승'은 이 논서의 종체로 설명되고, '기신'은 이 논서의 수승한 기능으로 해명하고 있습니다. 이는 동양의 논리전개 방식 중의 하나인 체용(體用)론을 함께 들어 제목을 나타내고자 했기 때문입니다. 그리고 대승은 일심과 중생심과 여래장과 아뢰야식으로 그 의미가 증폭됩니다.

이 논서는 대승을 총괄하여 법(法)과 의(義)로 해명합니다. 여기서 '법'은 중생심을 말합니다. 중생심은 일체의 세간법과 출세간법을 포괄하며 이 마음에 의하여 대승의 뜻을 나타낸다고 합니다. 이 마음의 진여상이 대승 자체의 상과 용을 잘 보이기 때문이라고 말합니다. 또 '의'는 일체의 법은 진여로서 평등하여 증감하지 않음을 뜻하는 체대(體大)와 여래장에 한량없는 성공덕이 갖추어 있음을 뜻하는 상대(相大)와 일체의 세간과 출세간의 착한 인과를 잘 내는 용대(用大)로 설명하고 있습니다. 이는 일체의 여러 부처가 본래 의거하는 것이기 때문이며, 일체의 보살이 모두 이 법에 의거하여 여래의 경지에 이르기 때문이라고 해명합니다.

원효는 『대승기신론』의 일심(一心) 이문(二門)의 구조를 통해 자신의 사상을 입론해 가고 있습니다. 그의 오도의 과정 자체가 이미 『기신론』의 일심 이문의 구조 그대로이기도 합니다. 어젯밤 잠자리에서 편안히 경험했던 심진여문과 오늘밤 잠자리에서 뒤숭숭했던 심생멸문을 통합하는 일심을 발견했던 그이기에 그의 사상적 프레임은 『기신론』의 구도에 힘입은 바가 크다고 할 수 있습니다. 때문에 원효는 대승불교의 교과서라 할 수 있는 『대승기신론』을 가장 잘 육화한 사상가로 평가되고 있습니다. 수행의 장애가 되는 삼세론(三細論)과 육추론(六麤論)의 번뇌론에서 보여준 그의 독자적 배대는 『대승기신론』 주석서 연구의 새로운 획을 긋는 안목이었다고 할 수 있습니다.

3. 원효의 『금강삼매경론』 이야기

『금강삼매경』은 신라에서 성립된 경전으로 알려져 있습니다. 유와 무를 떠나 홀로 맑은 '일심의 근원'[一心之源]과 진과 속을 융합하여 깊고 고요한 '삼공의 바다'[三空之海]의 대비를 통해 일미의 관행(一味觀行)을 밝히고 있는 『금강삼매경』은 워낙은 중국의 남북조 시대에 성립된 것으로 경전목록에 나와 있습니다. 그 뒤 이백 여 년 간 수면 아래로 사라졌다가 7세기 중엽에 다시 등장하고 있습니다. 하지만 우리가 읽고 있는 『금강삼매경』이 남북조 시대에 등장했던 『금강삼매경』과 동일한 것인지는 판명하기가 매우 어렵습니다.

지난 세기 초 돈황에서 발견된 『역대법보기』에는 『금강삼매경』이 두 차례 인용되어 있기는 합니다만 그것이 남북조 시대의 것을 인용한 것인지 신라에서 성립된 것을 인용한 것인지는 아직 확인되지 않고 있습니다. 먼저 『역대법보기』에 인용된 구절이 현존 『금강삼매경』에서 인용된 구절인지 아닌지를 판명해야 될 것입니다. 그렇게 되면 일단 남북조 시절의 것과 7세기

중엽의 것의 변별이 생겨날 것입니다. 이 경전이 출현되는 과정을 기술한 『송고승전』「원효전」의 연기설화에서도 알 수 있는 것처럼 제작 연대에 대한 정설이 아직까지 확보되지 않고 있습니다.

어떤 연구자(金煐泰)들은 이 경전이 신라에서 처음 성립되었으며 신라 10성 중 대안(大安), 사복(蛇福), 혜공(惠空) 등에 의해 성립되었을 가능성을 제시하였습니다. 또 신라의 법랑(法朗)을 지적하는 이(로버트 버스웰)도 있습니다. 뿐만 아니라 원효가 논을 짓자 대안이 여덟 품으로 구성하여 경전이 이루졌다고 보는 이(야나기다 세이잔)도 있습니다. 하여튼 『송고승전』「원효전」은 원효의 전기라기보다는 오히려 『금강삼매경』의 연기설화라고 할 정도로 그 분량이 압도적으로 많습니다. 이 경의 유래에 얽힌 설화는 다음과 같습니다.

얼마 되지 않아 신라왕의 왕후가 머리에 심한 종기에 걸렸는데 아무런 의약도 효험이 없었다. 왕과 왕자와 신하들이 산천의 영험스런 사당에 기도하여 이르지 않은 곳이 없었다. 어떤 무당이 "사람을 다른 나라에 보내어 약을 구해 와야 고칠 수 있다"고 말했습니다. 왕이 사자를 보내어 바다 건너 당나라로 가서 의약을 구해오게 하였다.

바다 가운데에서 문득 한 노인이 파도를 헤치고 나타나 훌쩍 배 위로 올라와서는 사자를 맞이하여 바다 속으로 들어갔습니다. (사자가) 보니 장엄하고 화려한 궁전이 있었습니다. 용왕을 알현하였는데 이름이 검해(鈐海)였다. (용왕은) 사자에게 "너희 나라 왕비는 청제(青帝)의 셋째 딸이다. 우리 궁중에 『금강삼매경』이 있으니, 이각(二覺 : 本覺과 始覺) 원통의 보살행을 보인 경이다. 이제 그대 나라 왕후의 병에 의탁해서 상승의 인연을 짓고자, 이 경을 내놓아 그대 나라에 유포하려고 한다"고 말하고는 30장쯤 되는 뒤섞인 흐트러진 경전을 사자에게 주면서, "이 경이 바다를 건너다가 마사(魔事)에 걸릴 지도 모른다"고 하였다.

(이에) 용왕은 칼로 사자의 장딴지를 찢고는 그 속에 경을 넣고 봉하여 약을 바르니 감쪽같았다. 용왕이 말하기를 "대안(大安) 성자로 하여금 이 흐트러진 경의 차례를 바로 잡아 책을 매게 하고, 원효법사를 청하여 경소(經疏)를 짓고 강석(講釋)하게 한다면 부인(왕후)의 병은 틀림없이 낫게 된다. 가령 설산의 영약(아가타약)도 이보다는 못하다"고 하였다. 바다 위까지 용왕의 전송을 받은 사자는 다시 배를 타고 귀국하여 왕께 보고하였다.

그때 왕이 보고를 듣고 기뻐하며 먼저 대안 성자를 불러들여 경의 차례를 정하고 성책(成冊)하도록 하였다. (그러나) 대안은 헤아릴 수 없는 사람이었다. 특이한 차림새로 항상 장판(市廛)에 있으면서 동발(銅鉢)을 치며 '크게 편안하라!'[大安] '크게 편안하라!'[大安]라고 소리쳤기 때문에 사람들이 그를 대안이라고 불렀다. 왕의 부름을 받은 대안은 “왕의 궁궐에 들어가고 싶지 않으니 경만 가져오라”고 하였다. 가져온 흐트러진 경을 대안은 차례대로 배열하여 8품으로 만들었는데 모두가 부처님의 뜻에 합치되었다. 그러고 나서 대안은 “빨리 가져가서 원효로 하여금 강석하게 하라. 다른 사람은 안된다”고 하였다.

원효가 그 경을 받은 것은 바로 그의 고향에 있을 때였다. 그는 사자더러 “이 경은 본각(本覺)과 시각(始覺)이라는 두 각을 종(宗; 근본)으로 삼고 있습니다. 내가 각승(角乘)을 지을 수 있도록 안궤(案几)를 마련해 달라” 하고는 두 뿔 사이에 붓과 벼루를 두고 처음부터 끝가지 소달구지에서 경소(經疏) 5권을 조성하였다. 그래서 왕의 청에 의해 황룡사에서 강설하기로 하였다.

그때 경박한 무리가 그 새로 지은 소를 훔쳐가 버렸다. 그래서 원효는 왕에게 사실을 알리고, 사흘을 연기하여 다시 소를 써서 3권을 짓고 ‘약소’라 불렀다. 해서 왕과 신하 및 출가자와 재가자가 구름같이 법당을 에워쌌다. 이에 원효가 열변을 토하는 데 위의가 있고, 얽힌 것을 푸는 데 법칙이 있으며, 찬양하여 손가락을 퉁기고, 소리는 허공을 울렸다. 원효가 다시 큰 소리로 말하기를, “지난 옛 날 백 개의 서까래를 고를 때에는 비록 (내가) 들지 못했지만[昔日採百緣時, 雖不豫會], 오늘 아침 하나의 대들보를 가로지르는 곳에서는 나만이 할 수 있구나!”[今朝橫一棟處, 唯我獨能]라고 하였다. 그곳에 자리했던 명덕(고승)들은 부끄러워 얼굴을 숙이고 마음속으로 참회하였다. ......『소』에는 광본과 약본 두 본이 있는데 모두 신라에서 유행하였다. 약본소가 중국에 수입되었는데 나중에 번경 삼장이 『소』를 『논』이라고 고쳤다 하였다.

『송고승전』「원효전」의 이 기사는 원효의 뜻풀이가 정연하고 설명의 소리가 법당 안의 대중을 공감시켰음을 보여주고 있습니다. '각승'(角乘)은 이 경이 가장 강조하는 '깨달음으로 이끄는 수레'에 대한 은유입니다. 각승은 불교가 시종일관 강조하는 이승인 성문승(聲聞乘)과 연각승(緣覺乘)과 삼승인 보살승(菩薩乘)과 변별되는 일불승(一佛乘)입니다. 다시 말해서 부처의 깨달음으로 이끄는 수레를 가리킵니다. 여기에서 말하는 '각'(角)은 깨달음을 나타내는 '각'(覺)과 발음이 같은 효과를 노리고 있습니다. 그래서 소의 두 뿔인 이각(二角)은 깨달음의 두 면인 본각(本覺)과 시각(始覺)을 형용한 것입니다. 또 '왕비의 병'은 중생들이 앓고 있는 모든 번뇌의 병을 말합니다. 아울러 수레는 깨달음의 피안으로 저어가는 선박이자 탈 것이며 가르침입니다.

그런데 여기서 '용왕'인 검해가 누구를 상징하는 것인지는 알 수 없습니다. 다만 당시의 임금이었고 훗날 동해의 용이 되기를 자처했던 문무왕 혹은 그 아들인 신문왕으로 추정할 뿐입니다. 또 한 가지 궁금한 것은 검해 용왕은 어떻게 대안화상과 원효화상의 이름을 알고 편집과 강석을 청하도록 하였는지가 궁금합니다. 그렇다면 검해 용왕 역시 이미 신라의 상황을 잘 알고 있는 그 누구의 은유라 할 수 있을 것입니다. 이 대목에서 이 경전의 저자를 추정할 수 있는 실마리를 짐작해 볼 수 있을 것입니다. 일부에서는 원효가 '광소' 5권을 저술한 적이 없다고 보는 견해가 있습니다. 만일 그것이 있었다면 원효의 다른 저술이나 다른 이들의 저술에 인용이 되었거나 그것에 대해 언급했을 터입니다.

하지만 여타의 경전목록이나 저술에서 5권 본 '광소'[廣疏]에 대한 언급은 전혀 보이지 않고 있습니다. 때문에 5권 본을 먼저 지었으나 사라져 버려 다시 3권을 지었다는 이 설화는 오히려 원효의 저술을 더욱 높이기 위한 설화로 보려는 경향이 있습니다. 『송고승전』「원효전」 기술의 전반적 분위기에서 주목되는 지점은 제도권 불교계 안에 들어가지 못했던 원효가 제도권 불교의 상징인 황룡사와 최고 권력자 앞에서 경전 중의 경전인 『금강삼매경』을 강론한다는 점입니다. 여기서 우리는 이 연기 설화가 백고좌 법회에 끼이지 못한 당시 주류 불교계에 대한 원효의 명예회복이며 설화의 최종 승자는 원효 자신임을 알 수 있습니다.

원효의 『금강삼매경론』은 그의 만년작으로 알려져 있습니다. 그의 사상적 역정 위에서 『대승기신론소』와 『금강삼매경론』과 『화엄경소』는 중요한 저작입니다. 그의 대표작은 『대승기신론소』와 『금강삼매경론』만이 아니라 그의 교판상에서 가장 최종적으로 자리하고 있는 보현교로서의 화엄 주석서의 집성인 『화엄경소』 역시 그의 사상적 지향을 보여주고 있는 저술입니다. 『화엄경소』의 집필과정에서 있었던 분황사 서실의 '절필의 드라마'에서 추정해 볼 수 있는 것처럼 그의 최후작은 아마도 종래의 화엄관련 주석서를 종합하고 가필하여 집성한 『화엄경소』일 것이라고 여겨집니다. 이 절필의 드라마는 무덤에서의 '개인적 깨달음'과 변별되는 골방에서의 '사회적 깨달음'의 전기라 할 수 있습니다.

원효의 저술 역정에서 볼 때 『금강삼매경론』 역시 그의 최후작으로 보아도 조금도 문제가 되지 않을 정도로 그의 원숙한 사상적 얼개 위에서 이루어져 있습니다. 때문에 원효 사상의 벼리를 알기 위해서는 그가 일심-화회-무애의 기호로 보여준 것처럼 『대승기신론소』와 『금강삼매경론』과 『화엄경소』의 주석서와도 긴밀하게 상응하고 있다고 보여집니다. 『대승기신론소』가 보여주는 '일심의 구조'와 『금강삼매경론』이 보여주는 '화쟁회통의 논법'과 『화엄경소』가 보여주는 '요익중생하려는 무애행'의 분위기가 그렇습니다.

『금강삼매경론』은 크게 3권 8품으로 구성되어 있습니다. 제1 「서품」과 제2 「무상법품」이 담긴 상권, 제3 「무생행품」, 제4 「본각리품」, 제5 「입실제품」이 담긴 중권, 제6 「진성공품」과 제7 「여래장품」과 제8 「총지품」이 담긴 하권으로 되어 있습니다. 원효는 이 경을 크게 1) 대의를 서술함, 2) 경의 종지를 설명함, 3) 제목을 해석함, 4) 글의 뜻을 풀이함의 네 부분으로 나누어 보고 있습니다. 네 번째의 글의 뜻을 풀이함에서는 경의 본문인 정설분의 7품을 중심에 두고 앞뒤에 서분과 유통분을 붙이고 있습니다. 원효는 정설분의 「서품」 뒤의 여섯 품(제2 「무상법품」, 제3 「무생행품」, 제4 「본각리품」, 제5 「입실제품」, 제6 「진성공품」, 제7 「여래장품」)에서 '관행을 각각 나타내고 있으며'[別顯觀行], 뒤의 한 품(摠持品)에서 '의심을 총괄하여 없애버리는 것'[總遣疑情]에 대해 해명하고 있습니다.

원효는 다시 각 품의 벼리를 추려서 설명합니다. 즉 모든 상을 깨뜨리기 때문에 '무상'이라고 붙여졌으며, 관찰의 대상이 되는 법으로서 일심의 법을 설하는 「무상법품」, 보살의 관행이 성취되었을 때 자신의 관행하는 마음을 알아서 이치에 따라서 수행하되, 증익변을 떠나기 위해 '무생'이라고 말하고, 손감변을 떠나게 하기 위하여 '행'이라고 설하는 「무생행품」, 보살이 무생을 얻었을 때 중생은 본래 적정하여 바로 본각인 일여의 침상에 누워있다는 것을 깨달아 본각의 이익으로써 중생을 이익되게 하는 것에 대해 설하는 「본각리품」, 가르침에 의거하여 이치의 실제에 들어가고 행위의 실제에 들어가며 한계가 없는 것으로써 범위를 삼기에 들어감이 없는 들어감인 입실제인 이입(理入)과 행입(行入)으로 들어감에 대해 설하는 「입실제품」, 모든 공덕과 수행의 덕을 갖추고 있는 진성은 모든 명칭과 개념을 초월하기 때문에 진성공이라고 하며, 망상을 떠나고 진성을 떠났기 때문에 진성 역시 공하다고 설하는 「진성공품」, 한량없는 법과 모든 행위가 여래장 가운데 돌아가지 않는 것이 없다는 것을 설명하여 들어가는 곳에 의거하여 여래장이라고 하고, 진여와 세속이 다름없는 하나의 여실한 법은 모든 부처가 귀의하는 곳이라고 설하는 「여래장품」을 설한 뒤에 마지막으로 의심을 총괄하여 버리는 「총지품」을 덧붙이고 있습니다.

그러면서 원효는 정설분의 서두에서 "이 여섯 품은 오직 일미(一味)다. 왜냐하면 상과 생은 자성이 없고, 본각은 근본이 없으며, 실제는 한계를 떠난 것이고, 진성 또한 공한 것이니, 무엇을 연유하여 여래장의 자성이 있겠는가? 이것은 아래의 「여래장품」 중에서 '이 식은 항상 적멸하며, 적멸한 것도 또한 적멸하다'고 말하고, 「총지품」에서 '칠식과 오식이 생기지 아니하며, 팔식과 육식이 적멸하며, 구상(九識)이 공허하다'고 말한 것과 같으니, 이와 같이 얻을 것이 없는 일미가 바로 이 경의 종요다. 그러나 얻을 것이 없기 때문에 얻지 못하는 것이 없으니, 그러므로 모든 문이 전개되지 않음이 없기 때문에 한량없는 뜻을 짓는 종지가 되는 것입니다. 비록 일미지만 여섯 가지 문을 전개하기 때문에, 여섯 가지 부분에 의하여 글을 나누어 해석하였다"고 말하고 있습니다.

그리고 다시 여섯 문에 관행이 두루 다하는 까닭을 원효는 이렇게 말하고 있습니다. "모든 망상이 무시로부터 흘러 다니게 된 것은 다만 상을 집착하여 분별하는 병 때문이다. 이제 그 흐름을 돌이켜 근원으로 돌아가게 하려면 먼저 모든 상을 깨뜨려 없애야 하니, 그러므로 처음에 무상법을 관찰해야 함을 밝힌 것이다. 비록 모든 상을 없애 버렸더라도 관찰하는 마음이 남아 있다면, 관찰하는 마음이 오히려 일어나서 본각에 부합되지 못하므로 일어나는 마음을 없애야 하니, 그러므로 두 번째 무생행을 나타내었다. 행위가 이미 일어남이 없어서 이제 본각에 부합하며, 이것에 의하여 중생을 교화하여 본각의 이익을 얻게 하니, 그래서 세 번째 본각리의 문을 밝혔다. 만일 본각에 의하여 중생을 이롭게 하면 중생이 곧 허상으로부터 실제에 들어갈 수 있으니, 그러므로 네 번째 실제에 들어감을 밝혔다. 안으로의 수행은 곧 모양이 없고 일어남이 없으며, 밖으로의 교화는 곧 본각의 이익으로 실제에 들어가게 하니, 이러한 두 가지 이익으로 만 가지 행위를 구비하되 똑같이 참된 자성으로부터 나와서 모두 진성의 공을 따른다. 이 때문에 다섯 번째 진성공을 밝혔다. 이 진성에 의하여 만 가지 행이 곧 갖추어져서 여래장 일미의 근원에 들어가니, 그 까닭에 여섯 번째 여래장을 나타내었다. 이미 마음의 근원에 돌아가면 곧 작위함이 없으며, 작위함이 없기 때문에 이루어지지 않는 것이 없으니, 그러므로 육문을 설명함으로써 대승을 포섭한 것이다."

원효는 다른 뜻으로 이 육품을 다시 해명합니다. 즉 "첫 「무상법품」은 관찰의 대상인 법을 제시하였으며, 법은 일심으로서 여래장 본체를 말한다. 제이 「무생행품」은 관찰의 주체인 행위를 밝혔으니, 행위란 육행으로서 분별함이 없는 관을 말한다. 세 번째 「본각리품」은 일심 중의 생멸문을 나타냈고, 네 번째 「입실제품」은 일심 중의 진여문을 나타내었다. 다섯 번째 「진성공품」은 진여와 세속을 다 버렸으나 이제를 무너뜨리지 않았으며, 여섯 번째 「여래장품」은 모든 문을 두루 거두어 똑같이 일미임을 보였다." 원효는 이러한 두 가지의 육문으로 대승을 뜻을 포섭하여 두루 다하고 있습니다.

그런 뒤에 원효는 유통분에서 여섯 가지로 유통을 해명하면서 이 논을 마무리 짓고 있습니다. "첫째는 사람을 칭찬하여 유통하는 것이고, 둘째는 대중에게 권하여 유통하는 것이며, 셋째는 이름을 세워 유통하는 것이고, 넷째는 받아 지니어 유통하는 것이고, 다섯째는 참회하여 유통하는 것이고, 여섯째는 받들어 행하여 유통하는 것이다." 이처럼 원효의 『금강삼매경소』는 이 경전의 최초의 주석서이자 가장 권위있는 저술로 자리매김 되었습니다. 그래서 중국에 건너온 인도의 번경삼장(飜經三藏)들에 의해 높게 평가되어 주석서인 '소'(疏)에서 보살의 저술인 '논'(論)으로 승격되었다고 전합니다.

이 경에 대한 주석서는 원효의 『금강삼매경론』이 가장 오래된 것이자 대표적인 것으로 정평이 나 있습니다. 고려 중기에 집성된 의천의 『신편제종교장총록』에는 승둔(僧遁)의 『금강삼매경론소』(4권)가 있었다고 하지만 현존하지 않습니다. 이후 중국 명대의 만력 말 조동종 계통의 원징(圓澄, 1561~1626)이 주석한 『금강삼매경주해』(4권)와 청대 주진(誅震, 1680~1683)의 『금강삼매경통종기』(12권)가 있을 뿐입니다. 따라서 원효 이후 지어진 세 종의 저술 중 겨우 두 종의 주석서만 남았을 정도로 원효의 주석이 펼쳐낸 깊고 넓은 지평을 감당하기 어려웠던 것으로 보입니다.

이는 고려 제관의 『천태사교의』에 대한 주석서가 이후 50여 종이 나왔고, 그 주석서에 대한 주석서가 100여 종이 나왔다는 사실을 감안한다면 원효 주석서와 제관 저술에 대한 주석서의 대비가 가능하지 않나 여겨집니다. 어떠한 한 텍스트에 대한 주석이 완벽하다면 후대의 주석가들이 새롭게 주석을 달 엄두를 내지 못할 것입니다. 『천태사교의』의 경우는 텍스트에 대한 주석이 아니라 천태 교학 전반을 구조적으로 직조한 저술이기에 많은 주석서가 나올 수밖에 없었을 것입니다. 하지만 『천태사교의』와 『금강삼매경』 역시 철학성이 깊게 투영된 경전과 저술이라는 점에서 본다면 『금강삼매경론』 역시 『천태사교의』의 경우와 크게 다르지 않을 것입니다. 그럼에도 불구하고 이 논서에 대해 두어 종의 주석서밖에 나오지 않았다는 것은 『금강삼매경』의 위상이 대중적이지 못해서일 수도 있겠지만 원효 주석의 빼어난 완성도 때문에 그렇지 않았겠느냐고 생각해 봅니다.

아무튼 원효에게 있어 이 『금강삼매경론』은 그의 『대승기신론소』와 『화엄경소』와 더불어 그의 사상적 역정의 기호인 화회-일심-무애의 벼리를 압축적으로 담고 있는 저술입니다. 때문에 이들 세 저술과 기호는 각기 '셋이면서 하나'이고 '하나이면서 셋'이기도 한 것입니다. 치밀한 사고력-활달한 문장력-넘치는 인간미의 기호 역시 하나이면서 셋이고 셋이면서 하나입니다. 따라서 이들 기호들이 각기 하나이면서 셋이고 셋이면서 하나인 그 속에서 비로소 원효의 진면목이 드러나리라 생각합니다. 그리고 그 셋이 이 시대 인문학의 정수로서의 불교의 내포와 외연을 아우를 수 있는 통재(通才)의 필요충분조건이라고 말할 수 있을 것입니다.

4. 원효에게서 무엇을 배울 것인가

원효의 사상적 역정에서 확인되는 화두는 다양한 주장을 회통하고 화해시키는 매개항[和諍會通]을 통해 일심의 근원으로 돌아가게 함으로써[歸一心源] 중생들을 풍요롭게 이익되게 하는 것[饒益衆生]이었습니다. 그러기 위해서는 먼저 나와 남, 남과 여, 동과 서, 남과 북의 사람들 서로가 살아온 시간적 지연과 공간적 배경의 차이를 정확히 1) 인정해야만 합니다. 인정의 구체적인 내용은 가) 내가 하지 않는 것을 남이 하고 있다는 것을 인정하고[無分別], 나) 내가 할 수 없는 것을 남이 할 수 있다는 것을 인정하고[無執着], 다) 내가 가지고 있지 못한 것을 남이 가지고 있다는 것을 인정해야만 합니다[無所有]. 그런 뒤에

서로를 2) 배려하고, 3) 대화하고, 4) 소통하여 5) 행복(건강)한 삶을 누릴 수 있게 됩니다. 때문에 원효는 서로의 '차별'이 아닌 '차이'를 있는 그대로 정확히 바라보는 지혜가 필요함을 역설하고 있습니다.

그의 『대승기신론소』-『금강삼매경론』-『화엄경소』의 키워드인 일심-화회-무애는 '치밀한 사고력'과 '활달한 문장력'과 '넘치는 인간미'로 달리 표현할 수 있습니다. 사고력이나 문장력 가운데 어느 것 하나에만 치중하는 것이 아니라 사고력과 문장력을 넘어 인간미까지 확보할 때 비로소 우리는 새로운 원효를 만날 수 있을 것입니다. 해서 연기에 대한 사무친 통찰을 통해 '분별'과 '집착'과 '소유'를 '최소화' 내지 '무화'시키는 보살적 인간 내지 이타적 인간(호모 부디스티쿠스)으로 거듭 날 때 원효와의 만남은 가능할 것입니다.

우리가 원효에게 배워야 할 점 역시 '일심'과 '무애'를 매개하는 '화회'의 지혜를 확보하는 일입니다. 지혜는 있는 그대로 보는 것입니다. 일체의 선입견이나 과거의 정보를 비워버린 채 있는 그대로 사물(대상)을 만나는 것입니다. 그리하여 그 사물의 본질을 있는 그대로 볼 수 있는 지혜의 활로를 열어가는 것입니다. 분별과 집착과 소유를 최소화 내지 무화해 나갈 때 비로소 내 눈 속의 비늘이 떨어지고 지혜의 안목이 열리게 될 것이라 믿습니다.

8세기 아시아 문화지리학의 교과서

혜초의 『왕오천축국전』(학고재, 2001)

혜초의 서역기행 노정도

우리는 문화의 세기에 살고 있습니다. 우리의 삶의 양식이 되어버린 과학기술 문화의 속도는 유목 문화의 시선으로 보면 상당히 숨찬 것입니다. 직립 보행 이후 두 발로 뚜벅뚜벅 걷던 시절이나, 말을 타고 달리던 시절과는 그 느낌이나 접촉의 강도가 너무도 다른 것입니다. 때문에 우리의 손이 타자들에게 닿는 순간 정전기를 느끼는 것처럼 우리는 날이면 날마다 정보문화의 변화무쌍함에 놀라지 않을 수 없습니다.

그런데 문명의 첨단을 경험하면서도 마음 한 편으로는 공허함을 느끼는 것은 웬일일까요? 무엇인가 빠진 것 같은 느낌 혹은 아직 낯선 것 같은 감각 말입니다. 원초적인 것에 대한 그리움 때문일까요? 아니면 각종 정보 매체들이 뿜어내는 속도감의 아찔함 때문일까요? 허리에 만보계를 차고 걸음을 세어야만 하는 노인들과 달리, 속도의 한복판에 있는 젊은이들조차도 유목의 여유를 그리워하는 것은 왜일까요?

일찍이 신라의 고승 혜초(慧超, 704~780)는 불교문화의 원류를 찾아 세계인의 길을 걸어갔습니다. 당시 인도-서역은 그렇게 익숙하다고 만은 할 수 없는 곳이었습니다. 하여 미지의 세계에 대한 그의 갈망을 '당대'에 대한 불만족 때문이라고 치부할 수는 없습니다. 더욱이 그 구법(求法) 기행이 시대와 불화했던 한 아웃사이더의 궁극적 탈출구였다고 매도할 수도 없습니다. 그의 기행이 보여주는 것은 오히려 새로운 '지리(地理)'에 대한 탐구였고 새로운 '양식'에 대한 탐색이었기 때문입니다.

우리 역시도 아직 경험해 보지 못한 것 혹은 아득한 지평 저쪽에서 어쩌면 우리가 오래 전에 체험해 왔던 것에 대해 회억(回憶)할 때가 있을 것입니다. 혜초 역시 불교 원류지의 '땅의 이치'[地理]를 알기 위해, 그리고 그곳의 문화양식을 읽기 위해 길을 떠났던 것입니다. 그의 구법 기행(723~727)은 육로의 지리로 떠나 해로의 지리로 귀국한 의정(義淨)의 역정(671~689)과 달리 당시로서는 아직 익숙치 않았던 바닷길로 떠나 뭍길로 걸어가는 것이었습니다.

중인도 마하보디 득도처 대탑 앞을 지나는 혜초의 모습(복원도)

혜초는 경주 금성을 출발하여 중국의 평주와 광주를 거쳐 베트남 → 싱가포르 → 인도네시아 자바섬(불서국) → 말레이시아 → 미얀마 → 방글라데시의 앞바다를 경유하여 동천축으로 진입하였습니다. 이어 그는 인도의 불교 성지인 왕사성 → 구시나가라 → 바라나시 → 마하보디 → 바라나시에 들른 뒤, 다시 카냐쿱자-나시크를 거쳐 알로르(아프가니스탄) → 잘란다라 → 탁샤르 → 신드구르자라 → 탁샤르 → 잘란다라 → 카슈미르(파키스탄) → 간다라 → 우디아나 → 치트랄 → 우디아나 → 간다라 → 람파카 → 카피시 → 자불리스탄 → 바미얀(아프가니스탄) → 토카리스탄 → 파사(이란) → 니샤푸르 → 토카리스탄 → 와칸 → 파미르 → 카슈카르 → 쿠차 → 언기 → 돈황 → 난주 → 장안에 이르렀습니다.

겨우 6천자 남짓한 현존본 잔간에서 소략하나마 알 수 있는 것은 이들 40여 개 나라나 지역의 견문과 전문의 기록입니다. 이 소략한 『왕오천축국전』이 8세기 이 지역에 대한 거의 유일한 내용을 담고 있는 독보적인 저작이라는 점에서 우리의 눈길을 끌고 있습니다. 정수일의 치밀한 연구가 담긴 역주본(2004)에 의하면, 상권의 176행(39개 4.5행), 중권의 102행, 하권의 127행(잔본 125행+2행)을 포함한 총 분량은 405행 11,381자로 추산되고 있습니다.

많지 않은 글자로부터 주석자는 셀 수 없이 많은 문화사적 함의를 캐어내고 있습니다. 역주자의 이러한 노력은 세계문화사에 혜초를 최초로 복권시키는 것이자, 신라 - 서역교역사 및 동서 문명교류사에 한국을 복원시키고 있다는 점에서 높게 평가되어야 할 것입니다.

바미얀 석굴군 전경 기행의 의미와 문화적 파장은 무엇이며 인도-서역의 사람들은 어떻게 살았고 어떠한 생각을 하고 살았을까요? 그들의 '삶'과 '생각'에 대한 혜초의 지적 욕구는 어떤 것이었을까요? 그가 살았던 신라나 그가 최종 정착했던 당나라는 모두 직전 세기(7C)에 통일된 나라들이었습니다. 그래서 혜초는 통일된 국가로부터 뻗어 나오는 세계를 향해 표출되는 지적 에너지의 한복판에 있었다고 해야 할지 모르겠습니다. 일찍이 인도-스리랑카로 떠났던 고구려-현유(玄遊)와 달리 그는 기록을 남긴 한국 최초의 세계인으로 평가할 수 있기 때문입니다.

불교사는 전법과 구법의 역사라 할 수 있습니다. 다시 말해서 불교사는 불교 선진국을 향해 불법을 구하던 구법승과 불교 후진국을 향해 불법을 전하던 전법승의 역사를 통섭한 역사입니다. 구법과 전법을 아우른 한국불교는 북방 불교권인 중국으로부터 전래되었다는 것이 통설입니다. 고구려와 백제불교와 신라불교도 그러했습니다. 부분적이나마 신라불교에도 남방

전래설이 있으며, 가야불교는 남방과 중국 남조를 통해 아비달마(부파) 불교를 수용한 것으로 추정하고 있습니다.

한국불교는 중국불교에서 구법을 하고 일본불교에게 전법을 했습니다. 중국이 불교 발상지가 아니라는 점을 감안한다면, 영토가 물리적으로 격절되어 있는 인도-서역의 천리길을 향한 혜초의 구법 기행은 신라 문화가 인도-서역 문화와 만나는 계기를 마련했다는 점에서 동서문명 교류사에서 더 없이 큰 의미를 지니는 것입니다.

종래 연구 결과에 의하면 신라 지배층 상층부 일부가 인도-서역 내지 중앙아시아로부터 이주해 왔다는 기록이 있기는 합니다. 하지만 공식적인 문화교류가 일반화되기 전에 혜초처럼 불교의 탄생지로 구법 기행을 떠난다는 것은 종교적 구도심 못지않게 그곳 사람들의 삶의 양식에 대한 지적 갈구가 있지 않았다면 쉽지 않았을 것입니다. 그 출발 자체가 이미 불교 원류지의 사람들은 어떻게 살았고 어떠한 생각을 가지고 살았을까에 대한 물음이 되기 때문입니다.

그는 해로를 통해 인도로 발걸음을 내딛었고 인도 북부 일대와 서역 그리고 중앙아시아 및 돈황을 거쳐 중국 장안에 이르렀다. 혜초가 이렇게 장대한 길을 떠나며 4년간 보고 느끼고 적은 『왕오천축국전』은 불국사 석가탑의 『무구정광대다라니경』과 화엄사 연기법사가 부모를 위한 발원(경덕왕 13년, 754)으로 백지에 먹으로 쓴 사경 『신라백지묵서대방광불화엄경』과 더불어 현존 최고의 서지라는 점에서 세계 서지학사에 끼친 문화적 파장이 매우 큰 텍스트라 할 수 있습니다.

돈황 막고굴 전경

세계화와 지방화의 아름다운 만남이 이루어지는 시대입니다. 우리는 19세기 이래 너무 외세에 억눌리며 살아오고 있습니다. 조선-대한(제국)을 둘러싼 제국주의의 발호로부터 우리는 식민주의와 신식민주의를 경험하면서 문화적으로 일방적인 세례를 당하였습니다. 그것에 대한 반성 때문일지 모르지만 금세기 초반의 우리는 우리 고대의 자랑인 정복왕, 광개토왕, 해상왕, 장보고를 주목하고 있습니다. 또 고구려를 이어 동북아시아와 산둥반도 일대를 통치했던 대조영의 대발해(698~926)와 이정기 - 이납 - 이사고/이사도로 이어진 제(齊, 765~819)에 대해 관심이 집중되고 있습니다.

삼국통일 이후 영토와 국력이 강해진 통일신라는 밖으로 시선을 더 넓혔습니다. 통일 이후 한 동안의 문치 시대는 경덕-혜공왕 대에 이르러 석굴암과 불국사가 조성되면서 문명의 극성기를 경험하였습니다. 이미 이전 시대로부터 이어졌던 실크로드 문명의 종착지로 자리매김 되었던 통일신라(경주)는 인도-서역과 활발히 교류하였고 그 교류의 한복판에 혜초가 우뚝 자리하였던 것이라 할 수 있습니다.

양의 동서와 시의 고금을 넘어서서 살고 있는 우리는 이제 '세계인'을 삶의 모델로 삼고 있습니다. 국제어와 국제 감각의 겸비를 요청하는 세계화(Globalization)와 국제화(Internalization) 시대는 세계를 향한 새로운 도전과 모험을 시도한 혜초 같은 세계인을 이상적 인간형으로 내세우고 있습니다. 세계화와 지방화를 합성한 '세방화'(Glocalization)는 지역을 기반으로 하지 않는 세계는 있을 수 없다는 반성에서 만들어진 조어인 것입니다.

세계와 지방이 둘일 수 없듯이 문화의 중심부와 주변부도 둘일 수 없는 것입니다. 평등의 시선으로 문화를 바라보는 문화 상대주의적 시각은 불교 지역학(신라)과 중앙학(인도)의 만남을 '중심'으로 나아가려는 '구심력'과 '지역'으로 나아가려는 '원심력'이 하나의 원 속에서 온전히 어우러지고 있다는 관점을 제시해 주고 있습니다. 이 때문에 원심과 구심을 상대주의적 시각에서 아우르고 있는 『왕오천축국전』은 동서문명교류사에 있어서 선구적 역할을 해왔다고 평가할 수 있습니다.

현재 『왕오천축국전』은 완본으로 남아있지 않습니다. 하지만 공백으로 남아있는 160여 개의 결락자와 이론이 분분한 약 107개의 자구를 원상 복원하여 정확한 교감과 판독이 이루어지면 상황이 많이 달라질 것입니다. 혜초는 당시 동북아시아에 머물러 있던 우리의 시선을 저 인도-서역으로까지 확장함으로써 세계인의 시선을 열었다는 점, 그리고 그의 저술은 세계인들의 시선을 녹여낸 세계문화의 '국보'로서 자리매김 되었다는 점에서 높은 의미를 지니고 있습니다.

문화는 만남을 전제로 하는 것입니다. 한 문화의 원형은 다른 문화와 만날 때 또 하나의 문화의 원형을 창출하게 됩니다. 혜초의 역사·문화적 위상은 그가 인도-서역문화와 만난 한국 최초의 세계인이자, 그가 만난 문명의 기록이 온전히 오늘 우리의 전통 속에 부단히 접목되게 한 한국인으로 자리매김 되고 있습니다.

뿐만 아니라 『왕오천축국전』은 그 시대 해당 나라의 언어와 지리와 역사와 종교와 풍물 등을 통섭해냄으로써 지방화와 세계화를 아우르는 세방화의 지평을 열었다는 점에서 해석학적 가능성을 머금고 있는 텍스트라고 할 수 있습니다.

따라서 새로운 문화원형을 찾기 위해 한 걸음을 내딛었던 혜초의 기록이 곧 '문화지리학의 교과서'로 자리매김 되었다는 점에서 우리는 그를 '위대한 세계인'이자 '위대한 한국인'이라고 부를 수 있는 것입니다.

동아시아 최고의 불교사서

한정과 균 찬술의 『조당집』(한글대장경, 2007)

1. 저자 소개

한때 중국 천주(泉州) 초경사(初慶寺)의 정수 성등(淨修 省僜, 884?~972)이 쓴 『조당집』의 서문을 토대로 이 텍스트의 집성자인 정(靜)과 균(筠) 두 사람은 이 절에 머물렀던 중국인으로 추정되어 왔습니다.[1] 여기서 한 걸음 더 나아가 일본의 이시이 미츠오(石井光雄, 1952)는 정(靜)을 "법안 문익의 법사인 곡은 지정(谷

1) 宋寅聖, 「언어 측면에서의 『조당집』 신라 고려 선사 부분의 후대 편입 여부」, 『한국선학』 제2호, 한국선학회, 2001. 372면. 종래 다수의 학자들이 정과 균은 초경사에 머물렀던 중국인으로 단정해 왔습니다. 宋寅聖은 『조당집』에 기록된 행장과 어록을 검토해 볼 경우 語錄 부분이 중심으로, 이 부분은 당시의 唐五代의 입말(口語)로 작성되어 있다는 관점에서 편자를 중국선사로 판단하고 있다.

隱 智靜, 傳燈 23)으로, 균(筠)을 석문 혜철(石門 慧徹)의 법사인 석문 균(石門 筠, 廣燈 24)이라"[2]고까지 확정하고 있지만 아직까지 실증적인 논거를 제시하지 못하고 있습니다.

최근 『조당집』에 대한 연구를 집중적으로 발표하고 있는 기누가와 켄지(衣川賢次)는 『조당집』 수록의 신라 귀국 선사들의 행적이 너무 자세한 것으로 보아 원저의 서문 뒤에 개판 부기(附記)를 쓴 광준(匡儁)이 『조당집』을 고려에서 개판할 때 첨가하여 재편하였다는 설을 제기하였습니다.[3] 이에 대해 야나기다 세이잔(柳田聖山)은 『조당집』의 입당승 전기가 신라승에 한정되어 있어 남당(南唐) 보대(保大) 10년(952)을 내려가지 않는다는 점, 그리고 『조당집』의 편찬자 정과 균은 그 전기가 분명하지는 않지만, 『조당집』에 수록된 신라승의 전기는 중국 승려의 필체가 아니라 신라 선승들의 활동에 특별한 관심을 갖고 있었던 것이 분명하므로 두 편찬자가 신라승이 아닐까라고 추정[4]하고 있습니다.

필자는 이러한 여러 학설을 분석하면서 최근 확인한 진각 혜심(眞覺 慧諶, 1178~1234)의 시에 근거하여 천주 초경사에 머물렀던 정과 균은 신라 하대에 중국으로 건너가 고려 초기에 한국으로 돌아온 고려승이 분명하다고 결론을 내렸습니다. 혜

2) 石井修道, 앞의 논문, 179면 재인용.
3) 推名宏雄, 「祖堂集の編成」, 『宗學研究』 21(구택대학 조동종종학연구소, 1979)
4) 柳田聖山, 「祖堂集解題」, 『祖堂集索引』 하(경도대학 인문학연구소, 1984)

심의 시에 의하면 이들은 당말 오대(唐末 五代)에 중국에 건너가 초경사에 머물며『조당집』을 집성한 인물들임이 분명히 드러나고 있습니다. 그 근거는 혜심(慧諶)의 시「제릉가산묘덕암균장로구거(題楞伽山妙德庵筠長老舊居)」에 나타나 있습니다.

이 시는 어느 날 혜심(慧諶)이『조당집』의 집성자인 정과 균 선사가 머물렀던 능가산 묘덕암을 방문하여 그 옛날 이곳에 머물렀던 두 선사를 생각하며 쓴 시입니다. 이 시의 할주(割註 : 副題가 아님)에 적힌 것처럼 '정(靜)'은 '한정(閑靜)'을 말하며, 한정의 선배인 '균(筠)은' 이름자로 좀처럼 찾아보기 힘든 '대나무 균(筠)'자를 법명으로 하고 있습니다. 덕이 높은 승려의 이름은 외자[單字] 이름을 쓰는 관례처럼 뒷날 혜심(慧諶)이 그들이 주석한 능가산 묘덕암의 옛터를 방문해 평소 흠모해왔던 균(筠) 선사를 이렇게 표현했던 것으로 보입니다.

> 능가산 묘덕암 균장로의 옛 처소에서(「題楞伽山妙德庵筠長老舊居」)
> - 지금은 한정도인(閑靜道人)이 여기에 암자를 짓고 문수보살(文殊菩薩)을 모셨으므로 묘덕암이라고 한다.
>
> 구름 내달리고 물살 휘도는 곳에 만 봉우리 둘렀는데
> 그 속의 외로운 암자가 그림보다 곱구나
> 한 점의 세속 티끌조차 날아들지 못하나니
> 하늘이 한정도인을 시켜 예서 살게 하였구나.[5]

5) 慧諶,「題楞伽山妙德庵筠長老舊居」,『無衣子詩集』下卷(『韓佛全』제6책, 54하 면). "今有閑靜上人構之, 以安文殊故, 名曰妙德庵. 雲奔浪卷萬峰圍,

혜심의 이 시는 제목 밑에 "지금은 한정도인이 여기에 암자를 짓고 문수보살을 모셨으므로 묘덕암이라고 한다"는 할주(割註)가 붙어있어 한정과 균이 능가산과 긴밀한 관련을 맺었던 사실을 알려주고 있습니다. 여기서 우선 문제가 되는 것은 능가산이 어디의 산이냐는 것입니다. 종래 능가산은 혜심이 오랫동안 주석했던 송광산 길상사(전남 승주군 송광사)의 아래에 있는 전남 고흥군 점암(占岩)면 팔영산(八影山 : 일명 楞伽山, 609미터)으로 추정되어 왔습니다.

하지만 이중환의 『택리지』(擇里志)[6], 『원감국사가송』(圓鑑國師歌頌)에 실린 시 「유능가산」(遊楞伽山)[7], 『동문선』(東文選)에 실린 고려대 승려시문(『東文選所載麗代僧侶詩文』) 가운데 선탄(禪坦)이 지은 시 「능가산중(楞伽山中)」[8], 『석전문초』(石顚文鈔)에 실린 「능가산중흥법주만허선사비명(楞伽山中興法主萬虛禪師碑銘)」, 「변산내소사사자암중창기(邊山來蘇寺獅子庵重創記)」[9] 등의 자료에 근거하여 보면 능가산은 팔영산이 아니라 부안 변산의 내소

中有孤庵畵不如, 一點俗塵飛不入, 天敎閑靜道人居."

6) 李重煥, 『擇里志』「卜居總論 : 山水」. "所謂諸山大則爲都邑; 小可爲高人隱士栖遯之地."

7) 冲止, 『圓鑑國師歌頌』, 「遊楞伽山」全北 扶安郡 來蘇寺(『韓佛全』 제6책, 382하 면). "舊聞海上有名山, 幸得遊尋斷宿攀, 萬壑烟嵐行坐裡, 千重島嶼顧瞻間, 義湘庵峻天連棟, 慈氏堂深石作關, 避世高棲無此地, 堪誇倦鳥解知還."時欲移棲楞伽故云.

8) 禪坦, 「楞伽山中」(『韓佛全』 제6책, 898하 면). "鞍馬紅塵半白頭, 楞伽有病早歸休, 一江煙雨西山暝, 長捲疎簾不下樓."

9) 동국대 불교문화연구소, 『불교학보』 제3 · 4합집, 1965.

사가 자리해 있는 산 또는 인근의 산 이름임이 분명합니다. 그리고 충지(冲止)의 시에 실린 의상암(義湘庵)과 자씨당(慈氏堂)은 변산 내소사(來蘇寺)의 환경과 일치하고 있습니다.

이 시에 의하면 먼저 균 선사가 주석했던 곳에 다시 한정도인이 암자를 짓고 문수보살을 모시고 머물렀던 것이 분명해 보입니다. 그러므로 혜심(慧諶)의 시는 그 옛날 당말 오대 시기에 중국에 유학하여『조당집』을 집성했던 한정(閑靜)과 균(筠) 선사가 뒷날 고려로 돌아와 머물렀던 능가산의 옛처소 묘덕암에 와서 제(題)한 노래라고 할 수 있습니다. 이러한 사실로 미루어 보아 한정과 균 선사는 고려인으로서 당말 오대에 중국에 건너가 정수 성등 문하에서 공부한 뒤 뒷날 고려에 귀국하여 이 암자에 머물렀던 사실을 알 수 있습니다.

이들이 고려인임을 증명할 수 있는 구체적인 근거는 더 있습니다. 정(靜)과 균(筠)이 머물렀던 초경사는 설봉 의존(雪峰 義存, 822~908)-보복 종전(保福 從展, 867~928)-정수 성등(淨修 省僜, 884?~972)의 계보를 잇는 중심사찰입니다. 이곳에서 두 선사는 성등의 문하에서 공부하며『조당집』을 집성했던 것으로 보입니다.『조당집』권11에 실린 신라-고려승인 제운 영조(齊雲 靈照, 870~947)와 복청 현눌(福淸 玄訥, ?~?) 두 사람 모두 설봉 의존(雪峰 義存)의 문하에서 공부한 이들로 보복 종전과는 사형사제가 되며, 정과 균의 스승인 정수 성등과는 사숙 관계가 되므로 집성자인 두 선사와도 긴밀한 사이에 있었을 것으로 보입니다.[10] 하여 정과 균은 이들과 매우 가깝게 지내면서 동국 선사(東國 禪師)들에 대한 정보를 보충할 수 있었을 것입니다. 이들 동국 선사들에 대해 자세한 정보와 집중적인 언급이 담긴 권17의 본문 표제에서는 '동국동리(東國桐裏)화상', '동국실상(東國實相)화상', '동국혜목산(東國慧目山)화상' 등과 같이 '동국(東國)'을, 서문 목차에서는 '해동(海東)'으로 쓰고 있으며, 권18의 앙산(仰山)전에서는 본문 표제에서도 '해동'[11]을 쓰고 있어 이들 집성자가 고려인임을 알 수 있습니다. 물론 여기에서도 『조당집』의 개판자인 광준의 역할이 문제됩니다.

그런데 이 저술이 온전히 고려에서만 이루어졌다면 굳이 '동국(東國)'이나 '해동(海東)'을 부기할 필요가 없었을 것입니다. 때문에 이미 임병권(任炳權)이 지적한 네 가지 예[12]에서도 알

10) 『祖堂集』은 靑原 行思의 문하인 雪峰 義存의 법손들에 편찬되었기 때문에 南嶽 懷讓系보다 靑原 行思系를 먼저 기술하고 있다. 이에 비해 『景德傳燈錄』은 南嶽系를 먼저 기술하고 靑原系를 나중에 기술하고 있다.

11) 권18의 仰山 조목에서 다섯 번째 일화로 '海東'의 승려인 亭育의 대화를 소개하고 있다.

12) 任炳權, 「초기 선어록에 나타난 신라 고려선사」, 『한국선학』 제2호, 한국선학회, 2001, 332~335면. 논자는 인도 중국선사들에 대해서는 객관적 시점을 벗어난 표현이 보이지 않음에 비해 동국선사전의 문장에서는 저자의 주관적 태도를 표현하면서 동국인으로 추정되는 진술자의 존재를 노출하는 일이 흔히 보인다고 주장한다. 그는 그 예로써 1) 雙峰道允전의 문장 중 '今上'(우리 임금님, 경문왕, 『조당집』 권17 : 18)의 용례, 2) 五冠順之전의 문장에 나타나고 있는 '昔賢知此, 今又徵焉'(옛 현인들도 그러했는데 이제 또 나타난 것이다)과 '若非德至行圓, 孰能致感如此也'(만일 덕이 지극하고 행이 원만한 행이 원만한 이가 아니라면 어찌 이런 감응을 가져

수 있는 것처럼 『조당집』은 고려인 '정'과 '균' 두 선사가 초경사에 머무르며 집성했음이 분명합니다. 그렇게 보아야 앞뒤의 논리적 정합성이 부합하기 때문입니다. 그리고 이국인 중국에서 집성하였을 것으로 보이는 단서는 『조당집』에 투영된 동국선사에 대한 주관적 문체에서도 확인되고 있습니다.

아울러 권17의 인용에서처럼 당시 쉽게 유통될 수 없었을 것으로 보이는 최치원(崔致遠) 찬술의 「성주산(聖住山) 낭혜(朗慧)화상 백월보광탑비문(白月葆光塔碑文)」 구절의 인용, 권20에 순지(順之)의 가풍 등에 대한 자세한 기록을 통해 이 저술의 집성자가 고려인임을 알 수 있습니다. 국내외 유일본인 권20의

올 수 있겠는가), '斯之要旨, 豈劣器之能持? 乃佛佛徑燭心燈, 祖祖玄傳法印'(이 종요로운 뜻을 어찌 下劣한 根器들이 감당하겠는가? 이것이 바로 부처와 부처가 직접 밝히던 마음의 등불이며, 조사와 조사가 은밀히 전하던 법인이다, 『조당집』 권4 : 3 石頭), '酬因雖超於淨方, 達理寧固於廣安?'(인연에 따라 정토에 오르기도 하겠으나, 진리에 닿는 것이 어찌 넓은 언덕만에 한정되겠는가, 『조당집』 권13 : 11 福先初慶), '旣遭盛筵, 寧無扣擊?'(이미 거룩한 법연에 이르렀는데 어찌 두드려 물어보지 않겠는가?, 『조당집』 권18 : 1 趙州)의 용례, 3) 일반적인 어록의 표제와 달리 다음 두 東國禪師의 전에서만 '溟州崛山故通曉大師'와 '嵩嚴山聖住寺故兩朝國師'와 같이 '故'를 호칭 앞에 붙여씀으로써 이미 작고한 선인에 대한 존경의 표시로서 편찬자와 선사의 관계를 노출하는 주관적 표현이며, 4) 정성본이 이미 제기한 대로 陳田道義의 귀국이후 행적을 '기타 내용은 비문과 같다'(餘如碑文)고 적은 것 역시 특별한 기사채택의 예증이라고 하며 雙峯道允전에서 그 선대의 자취가 '郡譜에 자세히 나와 있다' 한 것 역시 신라 漢州의 郡譜와 가까운 거리에 있는 고려인을 독자로 상정한 것으로 해석할 수 있다며 『조당집』의 편찬자(집성자)를 고려인으로 볼 수 있음을 암시하고 있다.

순지(順之) 저술의 편입은 『고려대장경』 보판 15여종 가운데에서 특히 이 저술의 가치를 드높여주고 있습니다. 하여 『조당집』의 집성자가 고려인이 아니었다면 순지(順之)의 저술을 수록하기는 어려웠을 것으로 보입니다. 이러한 몇몇 가지 자료 검토를 종합하여 볼 때 이 저술의 저자는 고려인 '한정'과 '균'으로 확정할 수 있습니다.

2. 시대적 상황 및 저자 의도

2-1. 시대적 상황

불교 선종(禪宗)은 동아시아 불교사에 있어서 가장 광범위한 층위를 형성하고 있는 분야입니다. 중국불교 13종 가운데에서 가장 후발주자로 등장했던 선종이 당대 이래 여타의 교학과 달리 드넓은 지평을 형성해 왔습니다. 그렇게 이루어진 결정적 계기는 불교의 궁극적 목표인 '부처가 될 수 있는 길의 제시'에 있었습니다. 하여 밀종(密宗)과 함께 선종 전적이 『대장경』 속에서 가장 많은 자리를 차지하는 현실은 '불립문자(不立文字)'의 역설적 의미를 환기해 주고 있습니다. 그리고 이러한 점은 깨달음의 지남(指南)으로서 선의 위상을 보여줍니다. 따라서 선이 수행의 대표명사로 자리하는 한 선종은 불교의 본질에 가장 가까이 다가가 있다고 할 수 있을 것입니다.

오대(五代) 당시 중국의 목판 인쇄술은 발달하기 시작하여 송대(宋代 : 10~13세기)에는 절정을 이루었습니다. 그 배경에서 최초의 대장경판인 북종(北宗)의 촉판(蜀板), 거란(契丹)판 대장경 등이 개판되었습니다. 고려대장경 역시 촉판 대장경을 토대로 하고 거란(契丹)판 등 당시 권위 있는 모든 장경을 대조하여 엄밀한 교정을 거쳐 판각되었습니다. 이 때문에 고려인들의 서지(書誌)에 대한 이해와 목판 인쇄술은 상당한 수준을 유지하고 있었던 것으로 평가되고 있습니다.

당시의 고려인들은 중국과의 무역을 통해 최신 자료를 수입하고 있었습니다. 고려 초조(初彫) 대장경이나 교장(敎藏) 그리고 재조(再彫) 대장경의 간행 역시 이러한 서지(書誌)와 인쇄술에 대한 깊은 이해 위에서 가능한 작업이었습니다. 특히 오대(五代) 이래 고려대장경을 판각할 당시까지 고려인들은 중국의 여러 책들을 다량 구매했던 것으로 보입니다.

당시 고려인들이 중국으로부터 얼마만큼의 도서를 구입했는지는 동파[蘇軾]의 동생이었던 소철(蘇鐵)의 문집에 잘 나타나 있습니다. 소동파의 동생 소철은 수입상을 통해 의천(釋煦 義天, 1055~1101) 등과 같은 고려 사람들이 다량의 책을 사 가는 것에 대한 위기의식을 절절하게 그려내면서[13] 기밀문서 등과 같은

13) 蘇轍, 『蘇轍文集』(欒城集』 권46) 「乞裁損待高麗事件箚子」(801~803면); "… 諸進奉人 乞贖藏經者, 中尙書祠部, 餘相度應副, 卽不許買禁物, 禁書及諸毒藥"; "… 而高麗文人, 所至游觀, 伺察許實, 圖寫形勝, 陰爲契丹耳

서적 구입을 금지해야 한다는 글을 쓰고 있습니다. 많은 서적을 입수한 고려인들은 각 서목(書目)을 정리 판각하면서 자연스럽게 고려 인쇄술 발달을 촉진시켰습니다.

『조당집』의 간행도 고려 초기 이래 여러 서지와 인쇄술에 대한 이해 위에서 이루어진 것입니다. 이러한 분위기 속에서 정과 균이 집성한 『조당집』 필사본 혹은 인간본이 고려에 유입되었을 것으로 보입니다. 그리하여 뒷날 광준은 이 때 고려에 들어와 유통되었던 『조당집』을 근거로 하여 현존본을 개판하였던 것으로 추정됩니다. 이 저술이 처음으로 집성된 보대 10년(952년, 壬子歲)은 당말 오대 시기로 매우 혼란한 때였습니다.

당나라 말기에 즈음하여 안록산의 난과 농민반란 등으로 나라가 혼란에 빠지자 당시 지식인들은 이 혼란의 원인으로 불교를 지적하면서 중화(中華)정신을 발동시켰습니다. 그들은 형이상학적 사유와 개인의 수양을 중시하는 새로운 유교를 제창하기 시작했습니다. 하여 그들 사대부들은 유교의 예와 윤리 및 도덕과 정치 경제설을 가미한 새로운 유학을 탄생시켰습니다. 이러한 노력은 형이상학과 개인 수양에 강한 불교의 강점을 새로운 유교해석에 십분 원용할 수 있게 했고 그것은 불학(佛學)과 성리학(性理學)의 새로운 관계를 형성시켰습니다.

『조당집』은 불학과 성리학의 갈등과 교섭이 시작될 즈음에

目…";「再乞禁止高麗下節出入箚子」(805면). "… 小則收買違禁物貨, 機密文書及作違非法 …"

집대성된 것으로 추정됩니다. 처음 이 저술의 인쇄본은 20권이 아니었습니다. 해동 신개인판 「기(記)」를 지은 광준(匡儁)의 기록처럼 고려에 유통된 것은 서문과 1[14]권뿐이었습니다. 현존 『조당집』의 「서(序)」 전반부는 정수선사(淨修禪師) 문(文[省]) 등(僜)[15]에 의해 씌어졌으며, '이상(已上)'이하부터의 해동 신개인판 「기(記)」는 임자년에 『조당집』을 개판(開板)할 당시에 관여하였던 광준(匡儁)에 의해 씌어졌습니다.

하여 『조당집』 연구는 이 저술의 유통과정 및 『조당집』 서두

14) 기누가와 켄지(衣川賢次)는 야나기다 세이잔의 성과에 대해 두 가지 점에서 새로운 문제제기를 하고 있다. 첫째는 종래 「서문」의 '爾後十卷'을 '爾後一卷'으로 읽어오던 것을 '1'권을 '10'권으로 정정하여 새로운 견해를 제시한 점, 둘째는 현존 『조당집』은 952년 성립된 당시 그대로가 아니다는 점을 제기한 뒤 그 근거를 논증해 가고 있다. 그는 시나 코유(椎名宏雄, 「『祖堂集』의 編成」, 『종학연구』 21, 1979년)와 Arthur Waley(「祖堂集」にみえる宋代の白話物語 : A Sung Colloquial Story from the Tsu-t'ang chi, 『웰리 씨의 두 편의 遺稿 : Two Posthumous Articles by Arthur Waley』에 수록, 『Asia Major』 14-2, 1968년)의 연구에 의거하여 952년 이후의 성립이 확인된다고 하면서 『조당집』의 성립과정을 다음과 같이 결론짓고 있다. "952년에 泉州 招慶院에서 靜·筠 두 선덕이 편집한 『조당집』 1권은 규모가 작은 찬집으로 송대 초기까지 10권으로 증광되었다. 정수선사의 서문은 그 당시의 핵심 부분에 대한 것이고, 이후 많은 자료가 모아져 거의 현행본에 가까운 분량이 되어 1245년까지 고려에 전래되어 광준에 의해 개판되었고 이때 다시 해동의 승려와 그들과 관련된 부분에 증보가 이루어져 재편을 거쳐 최종적으로 20권의 규모가 되었다."; 石井修道, 「일본의 한국선사상 연구동향」, 한국유학생인도학불교학연구회 엮음, 『일본의 한국불교 연구동향』(장경각, 2001), 184~185면 재인용.

15) 胡適은 서문의 淨修禪師 '文僜'을 『景德傳燈錄』에 나오는 것처럼 招慶院 '省僜'의 誤刻이라고 斷定한다. '淨修'는 입적후 追贈된 시호이다.

의「서」와「기」의 작성자인 두 인물 그리고 정수선사 성등이 말한 집성자 '정(靜)'과 '균(筠)' 두 명의 정체성 확보에 이르기까지 매우 복잡한 스펙트럼을 형성해 오고 있습니다. 얼마 전까지만 해도 저술과 집성자의 정체성에 관해서는 명료하게 밝혀지지 않았었습니다. 때문에 이들 문제점들을 밝히지 못하는 한 『조당집』 연구는 제자리걸음에 머무를 수밖에 없었습니다.

중국의 선법이 전래된 이래 신라는 종래 교학불교와 변별되는 선종 문화를 접하고 충격에 휩싸였습니다. 잘 알려진 것처럼 신라 중대로부터 중국 선법에 노출되기 시작한 한국불교는 하대에 이르러 입당 선사들의 본격적인 귀국을 통해 선문화의 권역(圈域)으로 들어서게 되었습니다. 그리하여 불교의 두 축이자 한국불교의 특징이 된 교학과 선법의 길항이 시작되었습니다. 결국 신라 말 고려 초에 구산선문이 개창되기 시작하면서 불리(不離)문자에 근거한 화엄교학과 불립(不立)문자에 기초한 남종선법의 갈등이 본격화되기 시작했습니다.

이러한 갈등은 한국불교의 사상적 발전에 나름대로 공헌한 점이 적지 않습니다. 그 공헌에 대한 정확한 이해를 위해서도 현존 최고의 완본 선서이자 당시 선종사를 일목요연하게 보여주고 있는 『조당집』(20권, 952년)에 대한 연구가 본격적으로 이루어져야만 합니다. 특히 『조당집』 연구를 통해 한국불교사의 또 하나의 주요 층위인 선학의 뿌리를 추적할 수 있다는 점에서도 그러한 것입니다.

『조당집』에 대한 연구에는 아직도 많은 과제들이 남아있습니다. 그 중에서도 신개인판을 주도한 광준은 어떤 인물이며, 당시 각수(刻手)들은 어떤 사람들이었는지, 그리고 『조당집』 개판과 같은 시기에 판각되어 보판(補板)에 들어있는 혜심(慧諶)의 『선문염송집(禪門拈頌集)』(1244~1248년 개판)과의 관련 여부에 관한 것들은 시급히 밝혀내야 할 과제들입니다.

2-2. 저자 의도

붇다로부터 비롯된 선법은 인도의 가섭에서 반야다라를 거쳐 동토 초조 달마에게서 크게 개화하였습니다. 초조의 개화로부터 계승되어 온 육조와 그 아래의 직계 및 방계에 의해 구성된 28조사설은 동아시아 선종사의 대표적 법맥론이 되었습니다. 그것은 한중일 선종사의 공통 담론인 28조설은 바로 이 『조당집』의 저술을 계승한 『경덕전등록』에 의해 굳어질 수 있었습니다. 그런데 이 『조당집』은 인도 상승 28조 앞에다 과거 칠불까지 덧붙여 보여주고 있습니다. 28조사설과 과거 칠불까지 덧붙인 이 같은 편제는 이전의 텍스트에서는 볼 수 없는 것입니다.

신라 말 고려 초에 중국에서 활동했던 한정(靜)과 균(筠) 선사에 의해 집성된 『조당집』은 정치적 · 사상적 전환기인 당말 오대(唐末 五代 : 唐 滅亡 906~宋 원년 960)기에 중국에서 탄생한 본격적인 선종 저술입니다. 완본이 전해지지 않는 『보림전』 이외에 가장 오래된 선종 전적이 『조당집』이라는 점에서 이 저술의 가치와 위상은 매우 높습니다. 때문에『조당집』의 정확한 이해는 넓게는 동아시아 불교사의 성격을 정확히 이해하는 지름길이 되고, 좁게는 신라 하대 이래 한국불교사의 성격을 규명하는 바로미터가 됩니다.

하여 동아시아 선종사를 기술한 현존 최고(最古)층 문헌인 고려 개판 유일본『조당집』은 당대에 집성되었던『보림전』(寶林傳, 801년)의 완본이 사라진 상태(10권중 7권만 발견)인 지금 선종사에서 무가보주(無價寶珠)의 위상을 지니고 있습니다. 하지만 총 246명(「記」엔 253명, 목록엔 257명)의 전기를 집대성한 이 텍스트는 가장 중요한 선종 사서임에도 불구하고 국외에 비해 국내에서는 논제로 별로 다루어지지 않았습니다.

그 까닭은 종래 이 저술의 저자 혹은 집성자의 정체가 밝혀지지 않았고,『고려대장경』의 보판(補板)에 입장(入藏, 全帙 385장의 板木)되어 있어 눈에 쉽게 띄지 않았으며, 중국과의 긴밀한 관계 속에서 편찬되었던 역사적 사실, 그리고 불교사와 선학 및 중문학 분야의 연구층이 두텁지 않은 탓으로 보입니다. 이러한 국내 현실은 이미 반세기 전부터 돈황학(敦煌學) 연구에 힘입어 이 저술에 대한 깊은 탐구를 해오고 있는 국외 상황과는 매우 대조적입니다. 이 때문에 국내 유일본『조당집』연구의 중심축은 아직까지 국외에 있다는 느낌을 지울 수 없습니다.

하지만 최근에 들어서 10세기 동아시아의 문화적 특성의 탐구와 구어(口語)와 문어(文語)의 추적, 고려대장경의 판각 문제와 중국에 유학한 동국선사전의 편입 여부 등 『조당집』이 지니고 있는 여러 가지 연구 과제로 인해 학자들의 주목을 받고 있습니다. 물론 『고려대장경』 속의 보판(補板)에 입장되어 있는 대부분의 전적[16]이 주요대상이 되고 있습니다. 그중에서도 인도-중국-한국 선사들의 행장과 법요 및 '대화'나 '게송'을 집성한 『조당집』은 동아시아 선종사의 보고(寶庫)로서 주목받고 있습니다. 나아가 이 저술이 한국불교사의 기본 사료라는 점에서 그 존재가치가 특별하다고 할 수 있습니다.

『조당집』은 우선 국내 유일의 개판본(高麗 高宗 32년 乙巳歲, 1245년)입니다. "『경덕전등록』(景德傳燈錄, 宋 景德 元年, 1004년)의 분본(粉本)이 바로 이 『조당집』(唐 保大 10년 壬子歲, 952년)이었으리라"[17]는 호적(胡迹)의 말대로 『경덕전등록』은 『조당집』에 의해 탄생할 수 있었습니다. 따라서 801년에 지거(智炬)에 의

16) 고려 再彫大藏經(1236~1251)의 補板은 경남 南海에 있었던 分司大藏都監에서 개판되었다. 1912년 日人 학자들이 해인사 장경각에서 발견한 補板(15종)과 나머지는 다음과 같다. 靜과 筠 집의 『祖堂集』(20권), 延壽의 『宗鏡錄』(100권), 智儼의 『華嚴搜玄分齊通智方軌』, 法藏의 『華嚴經探玄記』(20권), 『一切經音義』(100권), 『續一切經音義』(10권), 元曉의 『金剛三昧經論』(3권), 均如의 『釋華嚴敎分記圓通鈔』(10권, 부기, 赫連挺의 『均如傳』), 『釋華嚴旨歸章圓通鈔』(2권), 『華嚴三寶章圓通記』(2권), 『十句章圓通記』(2권), 『南明泉和尙頌證道歌事實』(3권), 慧諶 편찬의 『禪門拈頌集』, 편자 미상의 『法界圖記叢髓錄』(4권), 極樂거사 집성의 『禮念彌陀道場懺法』(10권), 諸大法師 집찬의 『慈悲道場懺法』(10권), 陳實 편찬의 『大藏一覽表』(10권), 『補遺目錄』 등이다.

17) 胡適, 「祖堂集에 관한 胡適先生의 書翰」, 金知見 편, 『祖堂集 幷 論集』(대한전통불교연구원, 1987), 23면.

해 이루어진 『보림전』(寶林傳), 898～900년경 현위(玄偉)에 의해 이루어진 『성주집』(聖胄集), 907～910년경 유경(惟勁)에 의해 이루어진 『속보림전(續寶林傳)』 등이 전해지지 않는 이상 이 『조당집』은 선종 최고(最古)의 저작이 되는 것입니다.

3. 내용 소개

『조당집』의 내용을 알기 위해서는 먼저 이 저술에 「서」를 붙인 정수선사(淨修禪師) 문(文[省])등(僜)과 「기」를 쓴 광준(匡儁)의 생각을 훑어보는 것이 유용할 것입니다.

1) 대저 여러 성인들이 세상에 나타나셔서 미혹한 무리들을 간곡히 거두어 주시는데 최상의 근기들은 날카로운 조짐이 나타나기 전에 이미 비밀한 이치를 깨닫지만, 중간과 낮은 근기들은 행동과 말씀이 표현된 뒤에라야 현묘한 이치를 깨닫는다. 근기에는 날카로움과 둔함이 있으나 불법에는 깊고 얕음이 없습니다. 하물며 성인은 중생을 이롭게 하면서도 이롭게 한다는 생각이 없으시거늘 성인이 교화하신다 한들 어찌 교화하신 바가 있겠는가? (중략)

이제 초경사의 정(靜)과 균(筠) 선덕은 소매로부터 근래 편집한 고금 제방의 법요를 꺼내어 모아 한 권으로 만들고 『조당집』이라 이름하니 가히 주옥의 꾸러미와 같아 펼치나 닫으나 끝없이 넓어서 훑어보기라도 하면 오로지 정신이 시원해짐을 느끼게 될 뿐입니다. 이에 나보고 서문을 쓰라 하니 굳이 사양할 수 없어서 마침내 붓을 들어 사실을 기록하노니 아무쪼록 덕 높은 도반들께서는 나무라지 마시기 바라며 이에 기록할 따름입니다.[18)]

이「서」에 의하면 1)의「서」 저자인 성등의 문하에서 공부하던 한정(閑靜)과 균(筠) 두 선사는 이미 오래 전부터 고금 제방의 법요를 베껴 쓴[筆寫] 초고본을 가지고 있었습니다. 이들 두 선사는 평소 '준비하고 있었던' 필사본을 꺼내어 스승에게 감수와 더불어 서문을 부탁하고 있습니다. 성등은 "이에 나보고 서문을 쓰라 하니[仍命余爲序] 굳이 사양할 수 없어서[堅讓不獲] 마침내 붓을 들어 사실을 기록하노니[遂援毫直書] 아무쪼록 덕 높은 도반들께서는 나무라지 마시기 바라며[庶同道高仁勿以譏誚] 이에 기록할 따름이다"[乃錄云爾]고 말함으로써 이 텍스트의 연기를 말해주고 있습니다.

이「서」의 표현대로라면 호적의 지적과 달리 성등은『조당

18) 靜 · 筠 集,『祖堂集』(『高麗藏』 제45책, 233상 면). "夫諸聖興來, 曲收迷子, 最上根器, 悟密旨於鋒鋩未兆之前; 中下品流, 省玄樞於機句已施之後. 根有利屯, 法無淺深, 矧乎聖人雖利生而非生, 聖人雖興化而寧化, 苟或能所斯在, 焉爲利濟之方?" "…… 今則招慶有靜筠 · 二禪師袖出近編古今諸方法要, 集爲一卷, 目之『祖堂集』, 可謂珠玉聯環, 卷舒浩瀚. 旣得奉味, 但覺神淸, 仍命余爲序, 堅讓不獲, 遂援毫直書, 庶同道高仁勿以譏誚, 乃錄云爾."

집』 탄생에 처음부터 관여한 것이 아님을 알 수 있습니다. 그러나 『조당집』에 실려 있는 찬시 42편의 저자와 스타인이 돈황에서 수집한 『천주천불신저제조사송(泉州千佛新著諸祖師頌)』 38편(실제로는 36편)의 찬자[明覺, 眞覺]가 성등임이 밝혀진 이상 이 저술과의 관련성을 해명하지 않으면 아니됩니다. 호적은 『조당집』에 덧붙여진 42편의 찬시['淨修禪師讚日'[19]]의 작자가 정수선사라는 사실에 근거하여 이 텍스트를 성등의 저술로 확정하고 있습니다. 하지만 성등은 「서」에는 당시 초경사에 머물렀던 고려 선사 한정(閑靜)과 균(筠)이 이 저술의 집성자임을 분명히 밝히고 있습니다.

그렇다면 '정수선사찬'이라는 42편의 찬시가 어떻게 덧붙여졌느냐가 중요한 관건이 됩니다. 물론 『제조사송』의 38(36) 편과 『조당집』의 42편 사이에는 4편(실제로는 6편)의 차이가 있습니다. 이 6편의 차이를 어떻게 설명해야 하는가도 중요한 문제가 됩니다. 하여튼 호적 선생은 한정과 균 등의 집성자로서의 역할을 참고하면서도 결국 이 찬시 부기에 근거하여 『조당집』의 저자를 성등으로 확정했습니다. 하지만 그것만 가지고 성등의 저작으로 확정하기에는 무리가 따릅니다. 여기에는 두 가지에 대한 답변이 요청됩니다.

① 성등의 서문의 언급처럼 『조당집』의 집성이 정과 균 선사

19) 제3조 商那和修 尊者에 대한 讚에서만 '淨修禪師偈曰'이라 표기되어 있다.

에 의해 이루어졌다고 하는 사실을 어떻게 이해해야 할 지 궁금해집니다. 없는 사실을 성등이 지어낼 수는 없는 일이기 때문입니다.

② 정과 균에 의해 찬시가 덧붙여진 것인지 아니면 성등 자신이 직접 찬시를 덧붙인 것인지에 대해서도 논증을 해야만 합니다. 호적의 단정이 사실이라면 정과 균의 역할과 성등의 역할이 구체적으로 설명되어야 합니다. 왜냐하면 2)의 경우 만일 성등 자신이 직접 찬시를 덧붙였다면 이 텍스트의 집성자는 성등으로 모아질 가능성이 매우 크게 됩니다. 하지만 그렇게만 해석할 수 없는 근거도 얼마든지 찾을 수 있습니다. 우선 이 두 문제를 해결하기 위해 이러한 추정이 가능할 수 있습니다.

즉 정과 균 두 선사가 집성한 『조당집』 필사본을 접한 성등은 두 사람의 부탁으로 전체 내용의 감수와 더불어 서문과 이전에 이미 써 놓았던 일부 인물에 대한 감흥과 느낌을 형상화한 찬시를 주었고, 정과 균 두 선덕은 이 찬시 42편을 해당 선사의 조목에 덧붙였다는 추정입니다. 다시 말해서 이 찬시를 전해받은 정과 균 두 선사는 집성한 원본에다 스승인 정수선사 성등이 지은 서문과 찬시를 덧붙인 것이라고 추정할 수 있습니다. 마치 후대의 일연(一然 : 1206 ~1289)선사가 『삼국유사』를 찬술하면서 각 조목마다 내용이 밋밋하거나 소략한 것에다 자신의 '찬시' 48(49)편을 덧붙인 것처럼 말입니다. 하지만 이러한 추정은 이 텍스트의 집성자가 정과 균 두 선사임을 확정한 뒤에 가능한 것입니다.

그렇다면 위의 두 가지 질문에 모두 만족할 만한 답변은 어떤 것일까요? 「서」와 「기」 그리고 42편의 찬시 부기의 상황 등을 종합적으로 생각해 볼 때 성등은 이 저술의 집성자가 아님을 알게 됩니다. 성등의 「서」는 『조당집』의 집성자로서 쓴 것이 아니라 정과 균 선사의 부탁에 의해 '굳이 사양하지 못해서 쓴' 감수의 서문임을 알 수 있습니다. 동시에 우리는 이 「서」가 문체나 일관성 면에서 『조당집』 본문과 유기적인 관계에 있지 않음을 알 수 있습니다. 따라서 이 서문대로라면 『조당집』의 집성자는 한정과 균 두 선덕임이 분명합니다.

이제는 신개인판 때(1245년)에 성등의 「서」 뒤에다 자신의 「기(記)」를 덧붙여 이 텍스트의 유통과정을 기록한 광준(匡儁)의 글을 살펴보겠습니다.

2) 위의 서문과 『조당집』 1권이 먼저 이 땅에 유통되었다. 그 뒤에 10권이 들어오자 삼가 책을 갖추고 이에 새로이 인쇄하여 널리 베풀어 유통시키고자 하여 책을 20권으로 나누었다. 이 때문에 먼저 칠불(七佛)을 쓰고, 다음은 천축의 27대 조사와 중국의 6대 조사를 쓰고, 대마다 정통과 방계까지 차례로 다 쓰니, 혈맥을 따라 처음과 마지막이 이어지고 소목(昭穆)의 차례에 손자와 적자가 있게 되었다. 그렇게 편찬이 이루어지자 뭇 영웅들의 흩어졌던 담론들을 두루 눈앞에서 보게 되고, 뭇 성인들의 남다른 담론들을 책 속에서 보게 되었다.

이제 사문 광준이 바라는 것은 중국에서 편집한 이가 아꼈던 법의 흔적을 길이 떨쳐버리고, 이 땅의 미약한 무리들에게 선법의 아름다움을 널리 펴서 깊이 깨닫게 하려는 데에 있습니다. 새로이 개판하는 허물을 용서해 주시기 바라며 한 분 한 분의 높은 이름의 차례는 다음과 같다. (중략) 해동에서 새롭게 새겨 인간(印刊)한 『조당집』에는 그 자취가 드러난 이 253명을 모두 20권에 수록하였으나 행적을 알 수 없는 이는 다 수록하지 못했습니다.[20)]

2)의 「기(記)」는 고려 사문 광준이 『고려대장경』 신개인판에 착수할 때 성등의 서문 뒤에다 부가한 『조당집』의 개판 연기라 할 수 있습니다. 여기서 그는 253명의 선사들을 언급하고 있으나 실제로 10여명은 이름만 언급될 뿐(사실은 246명) 그들의 전기는 없습니다. 이 편제를 살펴보면 혜능(惠能)을 이은 청원 행사(青原行思)계는 석두 희천(石頭希遷) 등으로 이어진 48대(4권~13권), 남악 회양(懷讓)계는 마조 도일(道一)-서당 지장(地藏) 등으로 이어진 47대(14권~20권)를 수록하고 있습니다. 수록 범

20) 『高麗大藏經』 제45책, 233상 면. "已上序文幷『祖堂集』一卷, 先行此土, 爾後十卷齊到, 謹依具本, 爰欲新開印板, 廣施流傳, 分爲二十卷. 以此先寫七佛, 次騰天竺二十七祖幷諸震旦六代, 代有傍正・祖位次第, 幷以錄上, 隨其血脈, 初後聯綿, 佋穆之儀, 有孫有嫡也. 其纂成, 所以群英散說周覽於眼前, 諸聖異言獲瞻於卷內. 今以沙門釋儁所冀中華集者, 永祛惜法之痕, 此界微曹, 願斅弘禪之美, 深漸洞徹, 乞恕愆疣, 一一上名, 次第如後. …… 海東新開印板『祖堂集』, 現其本迹者, 二百五十員, 幷載於二十卷內, 莫知迹者, 不能具錄矣."

위는 남종선이 주축이며 그것도 후대의 5가(家) 계통이 중심이 됩니다. 때문에 우두(牛頭), 신수(神秀), 하택(荷澤)의 계통에 관한 언급은 매우 소략하거나 아예 언급을 하지 않고 있습니다. 하지만 이 저술은 동국(東國), 즉 해동(海東)의 선사들 10인에 대한 전기를 싣고 있어 한국불교사 연구의 기본 사료가 되고 있습니다.

이「기」에 의하면『조당집』의 초본은 중국에서 만들어진 것이 분명하며 고려에 처음 들어온 것은『조당집』의 서문과 1권뿐이었다는 사실을 알 수 있습니다. 그런데 여기서 문제가 되는 것은 "그 뒤에 10권이 들어왔기에 삼가 책을 갖추고 새로이 인판(印板)할 때 20권으로 나누었다"는 것입니다. 그렇다면『조당집』의 판본은 모두 아래와 같이 세 가지가 됩니다.

제1본 : 1권본(서문 부기)
권말에 을사년 분사 대장도감에서 조칙을 받들어 새겼다는 간기(刊記)가 붙어 있다.
제2본 : 10권본(상하?, 권말에 간기(刊記)가 없다)
제3본 : 20권본(권말에 간기(刊記)가 없다)

먼저 성등 앞에서 "초경사의 정과 균 두 선덕이 소매로부터 근래 편집한 고금 제방의 법요를 꺼내어 모아 '한 권'으로 만들고『조당집』이라 이름"한 것은 1)의 1권 본에 해당되는 것입니다. 그런데 이 '한 권'이 오늘의 '한 책'의 개념인지 말 그대로 '한 권'의 개념인지 분명하지 않습니다. 현존본 1권의 뒤에는 유일하게 간기(刊記)가 붙어 있습니다. 이 간기(刊記)만을 근거로 하여 서문이 붙은 1권 본이 유통되었다고 단정할 수는 없습니다. 왜냐하면 옛날의 권차와 지금의 권차를 동일하다고만 단정할 수 없기 때문입니다.

위의 세 가지 판본을 유기적으로 연결시켜 제1본을 해석하면 이렇게 해명할 수 있을 것입니다. 정과 균 두 선덕이 성등의 서문과 찬시를 부기한 '1권'본은 사실 '1권'본이 아니라 '소매에 넣고 다니며 꺼낼 수 있는 두루말이'로 된 '1책'의 필사본이었을 것입니다. 두루말이본은 부피를 줄일 수 있고 가지고 다니기 편리하기 때문에 당시에 널리 유행한 판본 형태였기 때문입니다. 그 때문에 한 '권(卷)'의 개념은 한 '책'의 개념으로도 사용되었습니다. 일반적으로 오늘날에도 '권'과 '책'을 동일하게 사용하는 경우가 대부분입니다.[21)]

전10권(상하?) 혹은 전20권에 이르는 서책을 서문과 제1권 본만 묶어 유통시킨다는 것은 상상할 수 없기 때문입니다. 더욱이

21) 宋寅聖 역시 "'一卷'이라 함은 인쇄된 일반 서적이 아니고, 책을 卷으로 나누지 않은 상태로, 긴 두루말이 형식의 筆寫本으로 파악된다. 당 五代의 것으로 판단되는 敦煌의 文件도 동일한 형태이다. 또한 후인 北宋 慶歷 元年(1041)에 완성한 國家 圖書館 藏書目錄인 『崇文總目』의 子部 目錄에도 '『祖堂集』 一卷'으로 나타나 있다"고 말하고 있다. 宋寅聖, 앞의 논문, 347면.

권1의 내용은 과거 7불로부터 제16조까지 기술하고 있을 뿐인데 이것만이 유통된다는 것은 이해하기 어렵습니다. 나아가 이 텍스트를 집성하여 "고금 제방의 법요를 꺼내어 모아 한 권으로 만들어" 널리 유통시키려고 했던 두 선덕의 뜻에 비추어보더라도 자연스럽지 않은 것입니다. 따라서 여기서의 '한 권'(一卷)은 '한 책'(一册)으로 이해하는 것이 자연스럽다고 생각됩니다.

제2본인 10권본(상하?)은 아마도 정과 균 선덕이 집성한 초본의 필사본이 중국에서 유통되다가 『경덕전등록』(1004년)이 인판(印板)될 즈음에 인간(印刊) 혹은 다시 필사(筆寫)되어 중국 전역에 전해지다가 그 판본이 고려에 흘러들어 왔을 것입니다. 이것이 아마도 제2본인 10권본(上下?)일 것입니다. 그 이후 광준이 제2본을 살펴보다가 전 10권의 각 권의 양이 적지 않아 상하(上下) 혹은 본말(本末) 두 부분으로 나누려 했으나 결국 그렇게 하기보다는 분권(分卷)하는 것이 낫다고 여겨 다시 이것을 20권으로 나누어 제3본으로 판각했을 것으로 필자는 추정합니다.[22)]

그렇다면 초경사의 정과 균 두 선덕이 집성한 초본은 1권이

---

22) 10권 上下 혹은 本末로 나누었던 텍스트를 후대에 20권으로 分卷한 예는 天台 智者의 『摩訶止觀』 등에서 잘 드러나고 있다. 지의의 『마하지관』은 일찍이 3본이 있었던 것으로 보이는데 제1본과 제2본은 다같이 『圓頓止觀』이라 일컬어졌고, 각기 20권과 10권이었다. 제3본이 현행본이다. 이것은 아마도 지의의 강술 뒤에 灌頂의 손에 의해 정리, 수정되어 현행본과 같은 형식을 갖추게 된 것으로 추정된다.

아니라 10권 정도의 분량으로 된 '1책'이었을 것입니다. 그리고 그것이 고려에 들어와 전해졌습니다. 광준(匡儁)은 1245년 『고려대장경』을 새롭게 개판할 때에 이것을 재편집하여 판각한 것입니다. 이렇게 본다면 최초의 집성자인 정과 균 두 선덕의 필사본은 여러 유통을 거치면서 1) 초본, 2) 중국 인간본 혹은 필사본, 3) 고려에서 증광(增廣)된 최종 20권 본으로 판각되어 『고려대장경』 보판(補板)에 입장(入藏)된 것으로 볼 수 있을 것입니다.

이러한 추정은 광준의 「기」의 언급처럼 처음 253인의 자취 중 "그 행적을 알 수 없는 이는 다 수록하지 못했다"는 표현에서 잘 드러나고 있습니다. 그렇다면 광준이 쓴 것으로 추정되는 「기」의 253명에서 빠진 나머지 7명의 행적은 자세히 드러나지 않아 광준 자신이 246명의 행적만을 판각했음을 알 수 있습니다. 그리고 목록의 257명은 아마도 한정과 균이 처음 구상할 때 설정한 인물들이었을 것으로 추정됩니다.

그리고 「서」와 「기」의 사실에 근거하여 1) 1권본 2) 10권본 3) 20권본 등 각 판본의 연기를 종합해 보면 이 저술의 최초 집성자는 초경사에 머물렀던 한정과 균 선사임이 분명해 집니다. 이들이 집성한 필사본 『조당집』이 이후 유통을 달리하여 고려에 들어왔으며, 광준은 당시까지 유통되던 『조당집』의 몇 가지 판본을 모아 현존 『조당집』으로 최종 확정했을 것으로 보입니다.

이 같은 추정은 광준이 「기」에서 "중국에서 편집한 이가 아꼈던 법의 흔적을 길이 떨쳐버리고, 이 땅의 미약한 무리들에게 선법(禪法)의 아름다움을 널리 펴서 깊이 깨닫게 하려는 데에 있습니다. 새로이 개판하는 허물을 용서해 주시기 바라며"라고 표현한 데서도 잘 드러나고 있습니다. 즉 광준은 중국으로부터 들어온 '중국에서 편집한 이'인 한정(閑靜)과 균(筠)이 '아꼈던 법의 흔적'이 담긴 판본 혹은 필사본의 원형을 '길이 떨쳐버리고', '이 땅의 미약한 무리들에게 선법(禪法)의 아름다움을 널리 펴서 깊이 깨닫게 하려'고 과감하게 '새로이 개판'했던 것으로 보입니다.

그 개판의 변을 '허물을 용서해 주시기 바라며'라고 완곡하게 쓰고 있는 것으로 볼 수 있습니다. 이렇게 본다면 신개판 당시 신라 및 고려 선사 부분에 보다 자세한 자료를 편입시켰을 가능성이 얼마든지 있습니다. 이러한 사실을 근거로 하여 이 텍스트의 권차와 인물 전기를 대비해 보면 아래와 같습니다.

〈표1〉『조당집』의 권차와 인물 전기

권 차	전 기	숫 자
제1권	毘婆尸佛 尸棄佛 毘舍浮佛 拘留孫佛 拘那含佛 迦葉佛 釋迦佛 ~大迦葉* 阿難* 商那和修* 優婆麴多* 提多迦* 彌遮迦* 婆須密* 佛陀難提* 伏馱密多* 脇* 富那耶舍* 馬鳴* 毘羅* 龍樹* 迦那提婆* 羅睺羅*	과거7불 ~16조 23인
제2권	僧伽難提* 伽倻舍多* 鳩摩羅多* 闍夜多* 婆修盤頭* 摩拏羅* 鶴勒那* 獅子* 婆舍斯多* 不如密多* 般若多羅* 達摩* 惠可* 僧燦* 道信* 弘忍* 慧能*	17인
제3권	牛頭 鶴林 先徑山 鳥窠 懶瓚 老安 騰騰 破竈墮 靖居* 荷澤 慧忠* 崛多 智策 司空山本淨 一宿覺 懷讓	직, 방계 16인
제4권	石頭 耽源 天皇 尸梨 丹霞 招提 藥山	7인
제5권	大顚 長髭 龍潭 翠微 雲喦 華亭 椑樹 道吾* 三平 石室 德山*	11인
제6권	投子 草堂 神山 洞山* 漸源 石霜	6인
제7권	夾山 巖頭 雪峯	3인
제8권	雲居 欽山 中山 曹山 華嚴 本仁 靑林 疎山 龍牙 幽棲 上藍	11인
제9권	落浦 盤龍 逍遙 先洞安 黃山 韶山 捿賢 大光 肥田伏 涌泉 南際 雲蓋 九峯 南嶽玄泰 寶蓋 玄泉彦 烏巖 靈巖 羅山	19인
제10권	玄沙* 長生 鵝湖 大普 鏡淸 翠巖 報恩 化度 鼓山 隆壽 安國 長慶*	12인
제11권	保福 雲門 齊雲(靈照)# 永福 福淸(玄訥)# 潮山 惟勁 越山鑑眞 睡龍 佛日 水西南臺 中曹山 金峯 鹿門	14인
제12권	荷玉 育王 紫陵 長興 報慈 後疎山 禾山 寶峯 光睦 同安 㑂潭 後雲蓋 黃龍 龍光 龍回 淸平 中塔 仙宗	18인
제13권	招慶 報慈 龍潭 福先 山谷	5인

제14권	江西馬祖* 大珠 百丈政 杉山 茗溪 石鞏 紫玉 南源 百丈 魯祖 高城 章敬	12인
제15권	西堂 鵝湖 伏牛 盤山 麻谷 塩官 五洩 大梅 永泰 東寺 鄧隱峯 歸宗 汾州 大同 金牛 龜洋 陳 黑磵 閉魔巖 龐居士	20인
제16권	南泉* 潙山 黃蘗 西林 古靈 石霜性空	6인
제17권	大慈 福州西院 處微 雪嶽陳田寺元寂(道義)# 東國桐裏(慧徹)# 東國實相(洪直)# 東國慧目山(玄昱)# 公畿 關南 溟州崛山故通曉(梵日)# 普化 嵩嚴山聖住寺故兩朝(無染)# 天龍 正原 芙蓉 岑 白馬 下堂 雙峯(道允)#	19인
제18권	趙州 紫胡 陸亘太夫 仰山	4인
제19권	香嚴 徑山 靈雲 王敬初常侍 臨濟 觀 陳 大隨 靈樹 嶢山 道吾 俱胝 勝光 資福	14인
제20권	五冠山瑞雲寺(順之)# 米 寶樹 灌溪 興化 後魯祖 隱山 興平 米嶺	9인
계	*표 : 淨修禪師 讚詩 부기인(42인). #표 : 신라 및 고려 선사(10인)	246인

위의 <표 1>에 따르면『조당집』에서 다루는 전기 인물은 권1에 23명(과거7불 포함), 권2에 17명, 권3에 16명, 권4에 7명, 권5에 11명, 권6에 6명, 권7에 3명, 권8에 11명, 권9에 19명, 권10에 12명, 권11에 14명, 권12에 18명, 권13에 5명, 권14에 12명, 권15에 20명, 권16에 6명, 권17에 19명, 권18에 4명, 권19에 14명, 권20에 9명 등 총 246명입니다. 이 숫자는 목록에 나와 있는 257보다 적고「기」의 253명보다도 적은 숫자입니다. 아마도

목록의 257명은 이 저술의 최초 집성자인 한정과 균이, 「기」의 253명은 광준이 확정한 인물로 추정되며 실제로는 246명밖에 실려 있지 않습니다.

이 가운데에서 찬시(讚詩)가 덧붙여진 인물은 42명입니다. 찬시는 권1에 과거7불을 제외한 16명(초조~16조)에 부기된 16편, 권2의 17명(17조~33조)에 부기된 17편, 권3의 정거와 혜충에 각 1편씩 2편, 권5의 도오와 덕산에 각 1편씩 2편, 권6의 동산에 1편, 권10의 현사와 장경에 각 1편씩 2편, 권14의 마조에 1편, 권16의 남전에 1편으로 총 42편입니다. 이렇게 보면 과거 7불로부터 제40대인 혜능에 이르는 권1과 2에 집중되어 있고, 과거 칠불에 대한 찬시는 없습니다. 이는 과거7불을 실존인물로 보지 않고 하나의 상징으로 보았기에 성등이 찬시를 짓지 않은 것으로 보입니다.

이 대목에서 호적은 이들 42인에 덧붙여진 '정수선사찬왈(淨修禪師讚曰)' 이하의 찬시를 근거로 『조당집』 전체의 저자를 정수 성등으로 확정하고 있습니다.[23] 그런데 '정수선사찬왈(淨修

23) 돈황에서 스타인이 수집한 『泉州千佛新著諸祖(師)頌』(Stein, 蒐集 1635호)에 실린 38편은 『조당집』에 실린 42편의 頌讚 중 그 36편(南嶽懷讓과 石頭和尙만 결송)과 같은 것이다. 『제조사송』에는 없지만 『조당집』에 실려있는 것으로는 德山宣鑒(권5), 洞山良价(권6), 玄沙師備(권10), 長慶慧稜(권10), 道吾圓智(권14), 南泉普願(권16)전에 붙여진 6편이 있다. 『조당집』과 『제조사송』과의 관계에 대해서는 일찍이 胡適선생과 矢吹慶輝 교수가 논구했었다. 여기에다 다시 민영규 선생이 가세하였다. 『제조사송』에는 가섭으로부터 혜능까지의 33조에 덧붙인 찬시 33편에다가 南嶽讓화

禪師讚曰)'이 붙어있다고 해서 성등의 저술로 확정하는 데에는 무리가 따릅니다. 위에서 살펴본 대로 서문에서 이미 성등 자신이 정과 균 두 선덕의 부탁을 받고 서문을 쓰게 되었음을 밝히고 있습니다. 그리고 스승 성등 자신이 지어 놓았던 혹은 서문을 부탁받은 뒤 지은 찬시 42편 역시 제자들인 정과 균 두 선덕이 해당 전기의 뒤에다 덧붙인 것일 수도 있습니다.

만일 정수 성등 자신이 찬을 붙이고 『조당집』 전문을 집성했다면 '정수찬왈(淨修讚曰)'이라고 했지 '정수선사찬왈(淨修禪師讚曰)'이라는 표현처럼 자신 스스로를 '선사'로 표현하여 쓰지

상(결락)-吉州行司화상+國師惠忠화상+石頭화상(결락)+江西馬화상의 3편과 결락된 두 편을 포함하여 38편(실제로는 36편)으로 이루어진 조사송가집이다. 矢吹慶輝 교수는 이 『천주천불신저제조사송』 1권을 校印하여 『大正新修大藏經』 제85책(1320하~1322하 면)에 수록했다. 여기에는 일부 誤讀이 있어 민영규 선생이 다시 영국 대영박물관에 소장되어 있는 스타인본(1635호)과 校合하여 바로잡고 있다. 『泉州千佛新著諸祖師頌』 - 大英博物館藏 S.1635. 終南山僧 慧觀撰序. "南岳泰公著五讚十頌, 當時稱之美談, 及樂浦香嚴尤長厥頌, 斯則助道之端耳, 自祖燈相囑, 始迦葉終曹溪, 凡三十三朝, 信衣之後迨數人, 先賢之所未讚者, 遇且病焉, 雖寶林祖述其事閱而可委, 奈何忘機, 尙懶者或陋其擊遠殘秋之可, 愚得以前意, 請於千佛등禪師, 罕讓而不弗獲免, 未信宿而成, 蓋辭理生, 千佛之筆, 當時問答, 奇句或糅, 其間約字雖則未多, 壯識者曆觀諸聖之作, 於是乎在矣, 亦猶納須彌魚於芥子, 其橙一也, 是以命牋染翰爲之序云, 西國二十八代祖師及唐土六祖師." 後招慶明覺大師述. 민영규 선생은 이 조사송의 서문에 언급된 慧觀과 明覺大師를 동일인으로 보고 있으며, '명각대사'란 성등에게 주어진 또 하나의 칭호였을 것이며, 『경덕전등록』 제29에 "招慶省등眞覺大師"란 이름으로 실린 7언 2수의 송에 근거하여 眞覺과 明覺 어느 하나인가가 傳寫의 誤傳에서 온 것임이 분명하다고 추정하고 있다. 민영규, 「景印祖堂集引」, 『祖堂集幷論集』(대한전통불교연구원, 1987), 83~92면.

는 않았을 것입니다. 아마도 정수 성등은 두 선덕의 부탁을 받고 『조당집』 초본을 감수하면서 서문을 썼을 것입니다. 이 때 자신이 오래전에 선종사의 대표적 인물 42명에 대한 감흥과 개인적 느낌을 기초로 써 놓았던 찬시를 한정과 균 선덕에게 전달했을 것입니다. 그렇지 않다면 서문과 내용의 감수를 부탁받은 뒤 필사본의 인물 257명(「기」엔 253명) 중 42명에 대한 찬시를 지어 서문과 함께 두 선덕에게 주었고, 그들은 스승의 찬시를 공손히 받아 해당 인물의 뒤에 부기했을 것으로 추정됩니다.

여기서 중요한 관건이 되는 것은 성등이 찬시 42편을 언제 지었느냐입니다. 즉 정과 균 두 사람의 부탁을 받고 서문을 쓰던 시기에 지었는지 아니면 그 이전에 이미 지어 두었던 찬시를 내용 감수와 서문을 부탁받고 난 뒤 함께 건네주었는지가 중요합니다. 돈황에서 스타인이 수집한 『천주천불신저제조사송』(泉州千佛新著諸祖師頌)(Stein 蒐集, 제1635호)에 실린 찬시(38편, 실제로는 36편)와 『조당집』 찬시는 동일한 시편입니다. 이 『제조사송』이 돈황에서 별도로 유통되어 왔다면 『조당집』이 집성될 당시 성등의 찬시는 이미 지어져 있었던 것임을 알 수 있습니다.

그런데 이미 지어져 유통되었던 『제조사송』의 찬시는 38편(실제로는 36편)이었던 것으로 보입니다. 이에 비해 현존 『조당집』에는 덕산선감(德山宣鑒, 권5), 동산양개(洞山良价, 권6), 현사사비(玄沙師備, 권10), 장경혜능(長慶慧稜, 권10), 도오원지(道吾圓智, 권

14), 남전보원(南泉普願, 권16)전에 붙여진 6편의 찬시가 더 있습니다. 『제조사송』에 실린 38(36)편의 찬시는 가섭으로부터 혜능까지 각 인물에 대해 붙인 33편과 혜능의 직계인 청원 행사의 직계(-남악 혜충/석두 희천)와 남악 회양의 직계(-마조 도일)까지 5명(실제로는 3명, 懷讓, 石頭는 闕落)에 대한 찬시를 집성하고 있습니다.

그렇다면 『제조사송』은 성등이 『조당집』을 간행하기 이전에 이미 지어두었던 찬시의 집성으로 볼 수 있을까요? 또 추가된 6편의 찬시는 어떻게 해석해야 할까요? 성등이 이미 지어놓았던 38편(2편 결락)에다 후에 『조당집』 서문과 내용 감수를 부탁받으면서 4편(실은 6편)을 새로 지어 총 42편을 한정과 균 두 사람에게 전달했을까요? 『제조사송』과 『조당집』의 찬시 추가 문제 역시 『조당집』의 집성자를 밝히는 데에 있어 중요한 관건이 됩니다.

민영규 교수는 "『조당집』의 진정한 저자를 정수선사로 볼 수밖에 없다 하던 고 호적 선생의 제안에 이유가 있다면, 그것은 마땅히 『제조사송』에서 일찍이 제창된 28대 전법의 계보가 『조당집』에도 그대로 답습되어 있는 점에서 발견되어야 할 것입니다"고 하면서 이렇게 말하고 있습니다.

"여기서 만일 나의 상상(想像)이 허용된다면, 정수선사는 그가 『조당집』 「서문」을 집필한 남당(南唐) 보대(保大) 10년에 앞서기 무릇 30년이 가까운 전날, 일찍이 선사(先師) 보복원(保福院) 종전(從展)의 회하(會下)를 떠나던 때로부터 차종 등사(此種燈史)를 엮는 데 필요한 준비를 꾸준히 계속하고 있었으되 『제조사송』 38수는 그러한 편력 도중 천불원(千佛院)인가 하는 사원에서의 소산이었을 것이며, 만년에 초경원(招慶院)에 진산(晋山)한 뒤로 그것을 정(靜)과 균(筠), 두 젊은 선승에게 맡겨서 편찬의 완성을 보게 한 것이 아니었던가, 나는 그렇게 생각하고 있습니다."[24)]

결국 민영규 교수는 『조당집』의 이른바 서천 28조설의 원류도 알고 보면 『제조사송』에서 출발된 것이라는 이유에 근거하여 『조당집』 집성자를 정수선사로 비정한 호적의 설을 수용하고 있습니다. 하지만 저자는 그렇게 볼 수만은 없다고 생각합니다. 이미 위에서 성등의 「서」와 광준의 「기」를 통해 그 이유를 살펴보았지만, 『조당집』의 집성자가 정수선사가 되기 어려운 까닭을 좀더 살펴보기로 하겠습니다.

『조당집』에는 또 신라 및 고려선사 10인의 행장이 실려 있습니다. 권11의 제운(齊雲)과 복청(福淸), 권17의 도의(道義), 범일(梵日), 혜철(慧澈), 무염(無染), 홍식(洪直), 도윤(道允), 현욱(玄昱), 권20의 순지(順之)가 그들입니다. 이들 가운데에서 제운(齊雲),

24) 閔泳珪, 『祖堂集幷論集』(한국전통불교연구원, 1987), 91면.

복청(福清), 도의(道義), 무염(無染), 홍직(洪直), 현욱(玄昱) 등 6명은 『경덕전등록』(1132년, 1216년 재간)[25]에도 나옵니다. 그런데 이들에 대한 『조당집』과 『경덕전등록』의 표기방식은 법휘(法諱(名)) 혹은 법호(法號) 사용에서 차이를 보이고 있습니다. 이를테면 『조당집』 권11의 제운(齊雲 : 법호)은 『경덕전등록』 권18의 항주 용화사 영조(靈照 : 법명) 선사로 나온다. 또 『조당집』 권11의 복청(福清 : 법호)은 『경덕전등록』 권19에서는 현눌(玄訥 : 법명) 선사로 나옵니다. 이렇게 보면 『조당집』은 법호(法號) 내지 시호(諡號) 중심으로, 『경덕전등록』은 법명(法名) 내지 자(字) 중심으로 기록한 것을 알 수 있습니다.

때문에 이러한 몇몇 예들을 근거로 하여 한기문(韓基汶)은 "조당집의 권차는 신라승과 고려승의 순서와 관계없이 중국 고승 법계에 따라 편집한 것을 알 수 있고, 대장경 보유판으로 편집할 때 원래의 『조당집』에 상당한 취사선택의 편집이 있었음을 알 수 있다"[26]고 했습니다. 이러한 취사선택은 위에서 살

25) 『景德傳燈錄』에는 신라 및 고려 선사들 33명의 행적이 실려있다. 권6의 本如, 권9의 道義, 慧, 洪直, 無染, 玄昱, 覺體, 권10의 迦智, 忠彦, 大芽, 권11의 彦忠, 大證(文聖, 憲安), 洪直(興德, 宣康太子), 欽忠, 行寂, 朗, 淸虛, 권17의 淸院, 瑞巖, 泊巖, 大嶺, 권18의 靈照, 권19의 玄訥, 大無爲, 권20의 雲住, 慶猷, 慧, 권21의 龜山, 권23의 慧雲, 권24의 弇光, 권25의 慧炬, 권26의 靈鑒, 慧洪 등이다. 이에 비해 『경덕전등록』 목차에만 오른 東國禪師를 18인으로 확정하는 논자도 있다. 韓基汶, 앞의 논문, 193면; 任炳權, 앞의 논문, 315~316면.

26) 韓基汶, 앞의 논문, 193면.

펴본 대로 신개판(新開板)을 주도했던 광준(匡儁)에 의한 것임이 분명합니다. 그렇다면 광준이 개판한 현행본 『조당집』과 처음 한정과 균 선사가 집성한 『조당집』 초고본의 형태는 얼마나 다른가가 문제가 됩니다.

4. 불전 영향

『조당집』은 한국불교사 연구의 기본 사료이자 동아시아 선종사 연구의 주요 텍스트입니다. 필사본과 증광본과 개판본의 추이를 통해 이 저술이 다양한 연구 주제가 갈무리된 저술임을 알 수 있습니다. 국내 유일본인 『조당집』은 한국선종사 관련 최고(最古)의 사료이며 전기집입니다. 이 저술보다 약 50여년 뒤에 편집된 『경덕전등록』(1004)에 실린 신라와 고려 선사는 30여명이 목록에 올라있으나 그들의 행적이 갖춰진 것은 12명에 지나지 않습니다. 이에 비해 『조당집』은 비록 한국 선사들의 숫자는 많지 않지만(10명) 신라 선사들의 전기를 일정 부분 기록하고 있습니다. 특히 신라 순지(順之)의 '원상설(圓相說)'과 '삼변성불의(三遍成佛義)'는 당시 신라 선법의 성격을 이해하는 바로미터이며 이 분야 연구의 지남이 됩니다.

『조당집』(952)의 집성자는 당말 오대(唐末 五代)기에 중국에 건너갔던 고려인 '한정(閑靜)'과 '균(筠)' 선사이며, 진각 혜심(眞覺 慧諶, 1178～1234)의 시 「제능가산묘덕암균장로구거」(題楞伽山

妙德庵筠長老舊居)에 언급된 것처럼 이들은 고려로 돌아온 뒤 능가산 묘덕암에 주석했음이 분명합니다. 이를 통해서 알 수 있는 것은 성등의 「서」에서 언급하는 것처럼 『조당집』은 한정(閑靜)과 균(筠) 두 사람에 의해 집성되었으며, 성등이 두 선사가 집성한 『조당집』을 최종 감수하면서 부탁받은 「서」(序)를 쓰고 그 이전 혹은 감수와 서문을 쓸 즈음에 자신이 지었던 42편(스타인 수집의 『泉州千佛新著諸祖師頌』엔 38(36)편이 실려 있음)의 찬시['淨修禪師讚曰']를 건네받은 두 제자가 덧붙인 것으로 보입니다.

『조당집』의 판본은 1) 제1본(「서」와 1권), 2) 제2본(10권 상하?), 3) 제3본(20권) 세 가지였다. 제1본은 정과 균이 집성했던 초본의 필사본이었으며 「서」와 1권이 아니라 10권 정도 분량의 '1책'이었다. 제2본은 제1본이 뒷날 판본 혹은 필사본 형태로 고려에 유입된 10권 본(상하?)이었고, 제3본은 『조당집』의 최종 개판자인 광준이 증광하여 만든 20권본입니다. 그 과정에서 「기(記)」의 내용처럼 "중국에서 편집한 이가 아꼈던 법의 흔적을 길이 떨쳐버리고, 이 땅의 미약한 무리들에게 선법(禪法)의 아름다움을 널리 펴서 깊이 깨닫게 하려"고 일부 취사선택을 하였던 것으로 보입니다. 광준은 "새로이 개판하는 허물을 용서해 주시기 바라며"라는 표현으로 자신의 소임을 다하고 있습니다.

신라 및 고려 선사 10여명에 대한 자세한 기록은 『조당집』 최종본의 개판자인 광준이 취사선택의 가필을 한 것임이 분명합니다. '동국(東國)'과 '해동(海東)'의 표기 문제, 「성주사 낭혜

화상비문(聖住寺 朗慧和尙碑文)」의 인용, 순지(順之)의 저술 편입, 신라 및 고려 선사에 대한 주관적 표현의 투영 등을 통해 광준이 이 저술의 최종본 개판에 깊이 개입했음을 알 수 있습니다.

당말 오대기에 중국으로 건너간 고려인 한정(閑靜)과 균(筠)은 초경사에 머무르며 최초의 선종사인 『보림전』을 이어 『조당집』을 집성하였습니다. 그러므로 이 『조당집』의 영향 속에서 『경덕전등록』과 『전법정종기』 등과 같은 선종서들이 만들어질 수 있었던 것입니다. 따라서 『조당집』은 동아시아 전역에 선종사의 영토를 넓히는 계기를 만들었다는 점에서 이 저술의 의미는 여타의 저술과 달리 특별히 주목되는 텍스트라고 할 수 있습니다.

동아시아 조동종의 교과서

일연의 『중편조동오위』

'한국 역사의 아버지' 일연(1206~1289)의 저술은 10종 100여 권에 이를 정도로 방대합니다. 하지만 그의 현전 저술은 『삼국유사』(5권)와 『중편조동오위』(3권) 두 종뿐입니다. 그의 행장인 「일연비문」에서조차 빠져 있었던 우리 민족의 바이블인 『삼국유사』를 찬술하기 위해 일연은 만년의 시간을 다 보냈습니다. 때문에 『삼국유사』는 육당 최남선의 표현대로 "우리 고대사를 혼자 감당하고 있을" 정도로 사료가 풍부하여 다각도의 연구 지평을 형성해 왔습니다. 하지만 이 저술의 저자가 밝혀진 것은 1930년대에 이르러서였으니 '몰주체의 역사의식'을 반성하지 않을 수 없습니다.

그런데 일연의 또 하나의 주요 저술인 『중편조동오위』 역시 이 『삼국유사』의 후광에 가려(?) 거의 빛을 보지 못하였습니다.

『중편조동오위』는 지난 이십여 년 전(1984) 사학자 민영규 선생에 의해 일본『조동종전서』 속에서 발견되었습니다. 그 뒤 일부 불교사상사 연구자들에 의해 우리 사상사에 조계종의 간화선과 변별되는 조동종의 묵조선 전통이 있었음을 간간히 확인하는 정도에 그쳤을 뿐 대부분 관심 밖이었습니다.

민지(閔漬)가 쓴「일연비문」의 기록처럼 본디 2권이었던 이 저술은 어느새 첨가되어 일본의『조동종전서』 속에 전3권으로 실려 있었습니다. 때문에 어디까지가 일연의 저술이고 얼마만큼이 첨가되었는지를 알 수 없었습니다. 다시 이십여 년이 지난 최근에사 비로소 원로한학자이자 동국대 역경위원인 이창섭 선생(작고)과 최철환 당시 역경원 편찬부장에 의해 번역되어『일연스님의 중편조동오위』(대한불교진흥원)로서 모습을 드러내었습니다.

『조동오위』는 중국의 대표적 선종 스쿨인 5가 7종 중 조동종의 개조인 동산 양개(洞山良介)가 도를 배우는 이를 이끌어 가는 방편으로서 지은 편정오위(偏正五位) 체제에서 비롯됩니다. 다시 제자 조산 본적(曺山本寂)이 여기에 주를 달고 선양한 것을 혜하(慧霞)가 편찬하고 광휘(廣輝)가 해석한 것입니다. 일연은 당시 고려에 유통되던『조동오위』가 잘못된 부분이 적지 않아 두륜산 길상암에 머무르며(1256) 옛 간본을 참고하여 바로잡고 자신의 견해를 보완하여(補注) '거듭 편찬'(重編)하였습니다. 이것이『중편조동오위』입니다.

동산은 『보경삼매』(寶鏡三昧) 속의 '편정회호'(偏正回互)라는 구를 해석하기 위해 편(現象)과 정(本體)의 관계를 '정중편'(正中偏), '편중정'(偏中正), '정중래'(正中來), '편중지'(偏中至), '겸중도'(兼中到) 오위의 도인(圖印)으로 설명하기 위해 「동상오위송」(洞上五位頌)을 만들어 내었습니다. 제자 조산 본적은 이 오위설을 계승하여 하나의 사상체계로 정립하여 '편정오위'설을 제시하였습니다. 이 오위는 다시 '편정', '공훈'(功勳), '군신'(君臣), '왕자'(王子) 오위로 보다 구체화되는데 이들은 모두 동산의 편정오위에서 비롯된 것들입니다.

조동종 수행법인 묵조선의 벼리는 "일체의 사량분별을 뛰어넘은 절대의 심성"인 '묵'을 통해 "일체 진리가 본래 완성돼 있다"(本證自覺)는 원칙에 입각해 "다만 좌선만 하면"(只管他坐) "깨달음이 나타난다"(現成公案)는 것입니다. 송나라의 굉지 정각(宏智正覺)으로부터 본격화된 이 묵조선(默照禪)은 고려 초의 진철 이엄(眞澈利嚴)에 의해 열린 수미산문에서 본격화되었습니다. 하지만 고려초 이래 묵조선은 조계종의 간화선과 더불어 대표적인 선수행법으로 전해졌지만 일연의 『중편조동오위』의 간행 이후 조선초의 설잠(雪岑 金時習)에까지 이어지다가 그 이후 맥이 끊어진 것으로 보입니다.

본문(동산), 간어(조산), 해석(광휘), 또 하나의 간어(조산), 보충(일연)의 형식으로 편집된 『중편조동오위』는 설잠의 「서」에 이어 권상에 「동상오위현결」의 간(揀), 석(釋), 보(補)가, 권중에 「천동

사차송」, 「축위송」, 「원진장로간오위」가, 권하에 「동산삼구」, 「보경삼매」, 「분양과지가」, 「심문분 조동종파송」, 「한한거사 조동찬」, 「조산 삼종타 사종이류」가 있으며 부록으로 「연용의 후기」가 있습니다.

또 『중편조동오위』 뒤에는 동안 상찰(同安常察)이 지은 『십현담』(十玄談)에다 법안종의 개조인 청량 문익(淸涼文益)이 주를 붙이고 설잠의 『십현담요해』와 만해의 『십현담주해』를 합편하여 역주한 『십현담요해』가 첨부되어 있습니다. 『십현담』은 선의 깊은 취지를 열 가지 측면에서 노래한 선시로서 그 경지가 높고 문학성 또한 뛰어나 선시의 백미로 애독되어온 저술입니다. 이번의 『중편조동오위』와 『십현담요해』의 역주본 간행으로 인해 조동종의 주요 저술이 다 번역된 셈입니다.

『일연스님의 중편조동오위』의 간행은 한국불교사에서 잊혀져있던 묵조선의 복원을 알리는 전주곡이며 동시에 일연학 연구를 위한 기초 전적을 확보하는 것입니다. '선법'을 수행의 대명사로 간주할 때 우리는 간화선 일변도의 경직성에서 벗어나 자신의 근기에 맞는 수행법을 만날 수 있습니다. 그럴 때 묵조선은 간화선 및 염불선 그리고 통찰선(위빠싸나)과 더불어 새로운 수행문화의 지평을 열어갈 수 있을 것입니다.

한국 돈오돈수법의 원류, 석옥 청공의 살림살이 집성

『석옥청공선사어록』

수많은 저술과 폭넓은 활동이 '석학' 또는 '사상가'를 평가하는 잣대가 되지는 않습니다. 보다 중요한 것은 '양질의 저술'과 '연기적 삶'일 것입니다. '질'과 '삶'을 아우른 '삶의 질'은 말 그대로 '밀도있는 살림살이'의 다른 표현인 것입니다.

한국불교사는 한국인들에 의해서만 이루어진 것은 아닙니다. 전래과정도 그러했지만 외래인들의 수혈과정이 있었습니다. 일찍이 동진을 거쳐 온 인도승 마라난타에 의해 백제불교가 시작되었고, 고려말 원나라를 거쳐 온 인도승 제납박타(지공 선현)에 의해 여말선초의 한국불교계가 국제적 감각을 겸비할 수 있었습니다. 또 고구려의 승랑, 신라의 문아(원측), 무상, 고려의 의통 등은 중국을 무대로 한국인의 위상을 드높였습니다. 아울러 일본승 심상은 신라와 당으로 유학와서 일본 화엄학을 정초하였습니다. 이처럼 문화는 안팎의 교류를 주축으로 형성되는 것입니다.

급암 종신의 문하였던 석옥 청공은 임제 의현의 18대 적손이자 호구파를 건립한 호구 소륭의 법손입니다. 나옹 혜근과 더불어 고려말 삼대화상이었던 백운 경한, 태고 보우는 청공으로부터 임제 법맥을 전해받았습니다. 특히 태고 보우로 이어진 그의 법맥은 이후 한국불교의 법통설 논쟁의 분수령이 됩니다. 이른바 급암 종신의 선법을 함께 이어받은 평산 처림의 문하에서 나온 나옹법통설과 석옥 청공의 문하에서 나온 태고법통설의 길항이 그것입니다. 그리고 다시 서산 휴정과 그 법손들에 의해 정초된 태고법통설과 고려 이래 송광사를 중심으로 한 보조법통설의 시비로 이어졌습니다.

깨달음은 과연 어떠한 상태일까요? 깨달음에 경계가 있는 것일까요? 그것이 있다면 과연 그 경계를 가지고 '오늘 여기'에서 어떻게 살아야 하는가요? 또 깨달음을 얻기 위해서는 어떻게 닦아야 하는가요? 돈오인가, 점수인가, 아니면 돈오돈수인가, 돈오점수인가? 뿐만 아니라 깨달음 이후에도 닦을 것이 있는가요? 아니면 깨달음 이후에는 닦을 것이 없는 것인가요? 이러한 물음들이 가장 첨예한 한국 선법의 주류 담론입니다.

석옥 청공은 "도를 공부하는 것은 삼세의 모든 부처가 입을 열어도 얻지 못하는 곳에 이르기 위함입니다. 또한 참선하는 것은 천하의 조사들이 다리를 꼬아도 들어갈 수 없는 곳에 이르기 위함이니, 만일 이와같이 아니하고 남의 문호(門戶)나 의지하고 남의 장벽(墻壁)을 기대며 남의 지휘를 받고 남의 침이나 먹는 자는 모두 장부가 아니니다"(36면)고 갈파했습니다. 그의 살림살이는 결곡합니다. 군더더기가 없습니다. 그는 또 "몸과 입과 뜻이 청정하면 부처님이 이 세상에 출현했다고 이르며, 몸과 입과 뜻이 청정하지 아니하면 이를 부처님이 열반하였다고 이른다"(42면) 하였습니다.

"어찌 지금의 참선하는 무리들이 화려한 집과 음식이 풍족한 총림에 몸을 두고 총림 보기를 역사(驛舍)처럼 하며 입으로만 도를 말하고 참선으로 도를 헤아리려 하는 것과 같겠는가. 지금 선과 도를 말하는 것을 들어보면 마치 바람이 나무를 지나가듯 하니 이렇게 명성을 이룬 자들은 가히 불쌍한 자라 할 것입니다"(59면)라고 일갈하였습니다. '구두선', '사량선'에 빠져있는 오늘 한국의 불제자들이 재삼 재사 반추해야만 될 대목입니다.

스승 석옥 청공으로부터 "금비늘이 곧은 낚시에 올라온다"는 게송으로 인가받았던 태고 보우선사는 한국 돈오돈수법의 창업자였습니다. 그 원류엔 청공 화상의 선기가 있었습니다. 살불살조의 살림살이로 한 시대를 풍미했던 중국 선법의 기린아 임제 의현의 골수를 18대에 걸쳐 전해받은 석옥 청공. 그가 한국에 다시 살아나왔습니다.

청공의 살림살이가 담긴 『석옥청공선사어록』(불교춘추사, 1998). 일찍이 문도 지유(至柔)가 엮은 상하 두 권의 소략한 어록입니다. 상당법어와 산거시(山居詩), 오언율시, 칠언절구, 노래(家), 게찬(偈讚)에다 사문 원욱(元旭)이 지은 「복원석옥청공선사탑명」이 붙어 있습니다. 운제(이영무 선생) 화상의 자비심이 아니었으면 더 늦어졌을 것입니다.

이렇게 짧은 어록은 많지 않을 것입니다. 하지만 밀도있는 삶을 산 청공선사의 진면목이 곳곳에 비수가 되어 박혀 있습니다. 태고 보우와 백운 경한으로 이어진 그의 가풍은 한국 정통 선법의 혈관 속에 지금도 흐르고 있습니다.

<조선불교 중앙선원> 방함록서

'방함'(芳銜)이란 '방명'(芳名)과 같은 뜻이 주로 절집 안에서만 쓰는 독특한 표현입니다. '방'(芳)이란 명예가 꽃같이 아름다운 이름을 가리키며, 타인의 사물을 높혀서(冠) 경칭(敬稱)으로 쓸 때 붙입니다. '함'(啣, 銜)이란 관리의 위계를 일컫습니다. '방함록'(芳啣錄)이란 안거할 때에 안거객들의 직명(職名)과 성명(姓名), 법명(法名), 나이, 본사명(本寺名) 등의 '방함'을 적어둔 서책이자 절집 안에서 안거 때에 널리 쓰는 방부(房付)의 기록입니다. 직명에는 안거 등 절집 안의 대중들이 큰일을 치를 때에 역할을 나눈 소임을 적어 붙인 용상방(龍象榜)을 적습니다.

'방부'는 다른 절의 승려가 남의 절에 가서 좀 있기를 부탁하는 것입니다. 수행자일 경우는 여름과 겨울의 결제 철에 선원의 안거에 들 때 '방부를 드린다'고 합니다. 안거는 '와르사'(varṣa, 雨) 혹은 '와르시까'(vārṣika)라고 불립니다. 말 그대로 3개월간의 ‘우기’(雨期)를 일컫습니다. 수행자들은 풀이나 나무, 작은 곤충 등을 모르고 밟아 죽일까 저어하여 이 기간에 외출을 삼가하고 동굴이나 사원에 들어가 수행에 전념했습니다.

이 기간을 ‘우기 안거’ 즉 ‘우안거’라고 했습니다. 남방불교권에서는 이것을 ‘우기에 행하는 반성과 학습’이라는 의미에서 ‘안거’라고 했습니다. 북방불교권의 경우 남방과 달리 여름과 겨울 두 철에 걸쳐 안거에 듭니다. 날씨가 더운 남방에서는 음력 4월 16일로부터 7월 15일에 이르는 하안거를 실시하고, 북방에서는 남방의 하안거와 날씨가 추운 한겨울 음력 10월 16일로부터 1월 15일에 이르는 동안거를 거행합니다. 이 기간에는 외출하지 않고 한 곳에 머무르며 오로지 좌선을 중심으로 한 수행에 전념합니다.

방명록일 경우는 사회에서 거행되는 결혼식장과 장례식장, 회사개사식과 출판기념회 등에서 적는 이름명부 정도의 의미로 쓰여지고 있지만, ‘방함록’은 일대사를 해결하기 위해 온몸을 던져 생사고해를 넘어서려는 훤훤 장부들의 꽃다운 이름을 적어두는 기록이므로 그 이름을 달리 부릅니다. 자기 부정을 통해 존재의 비실체성을 체득하는 결곡한 삶의 자세에 대한 경칭이기에 세간의 명명과 출세간의 명명이 다른 것입니다. 이와 같은 ‘방함록’은 한국불교에서만 볼 수 있는 독특한 기록문화의 한 갈래라 할 수 있습니다.

오랫동안 숭유억불(崇儒抑佛)의 시대를 경험하면서 산속에서

나마 선맥을 전승시키기 위한 조선조의 기록에서도 아직 발견되지 않고 있습니다. 아마도 조선말과 대한 초의 선풍을 이어준 경허가 만년에 자신의 살림살이를 펼쳐 보이면서 이전의 전통을 복원한 것으로 추정됩니다. 방함록의 존재는 경허(1846~1912) 이래 대한시대 이후의 일부 기록 속에서만 확인되고 있습니다.

경허는 조선말기와 대한초기 이래 우리나라 선맥의 우이를 잡았던 대선지식입니다. 때문에 그는 조선불교사의 결론이자 대한불교사의 서론을 장식한 선사로 평가됩니다. 경허는 대한 팔도를 넘나들며 각종 회상에서 파천황(破天荒)의 법문을 통해 잠들어 있는 조선인과 대한인들을 깨우치려 했습니다. 동시에 법문(法門)과 점안(點眼) 및 수선결사(修禪結社) 등을 통해 바람 앞의 등불과도 같았던 이 나라 선풍과 조선 및 대한의 위기를 '눈 뜬 자'의 살림살이를 통해 돌파하고자 했습니다.

조선 및 대한 백성들은 모두가 잠들었지만 스스로 '깬 자'가 되어 이류중행(異類中行)의 가풍으로 국망(國亡)의 위기를 헤쳐 나아가려한 인물입니다. 그의 치열한 법화(法化)와 활달한 행리(行履)는 그에 대한 포폄(褒貶)의 평가를 가져왔고 이후 그는 대한 불교의 뉴스 메이커로서 잊혀진 적이 없었습니다.

경허는 '깊고 그윽한 종취'(深玄 宗趣)를 '밝고 화려한 문채'(明麗 文彩)를 빌어서 씨줄과 날줄로 선기를 자유자재로 드러낸 인물입니다. 그럼에도 불구하고 그것이 '법문'도 되고 '시가'도

되고 '논문'이 되기도 하여 그 수를 헤아릴 수 없을 정도가 되었습니다. 하지만 세상에 전해지는 그의 글 일부를 모은 『경허집』(鏡虛集 : 선학원, 1943)에 집성되지 못한 글들은 지금도 여러 군데에 흩어져 있습니다.

『경허집』에 실려있는 '방함' 관련 기록은 「범어사계명암수선사방함청규」(梵魚寺鷄鳴庵修禪社芳啣淸規), 「해인사수선사방함인」(海印寺修禪社芳啣引), 「범어사총섭방함록서」(梵魚寺總攝芳啣錄序), 「동리산태안사만일회범종단나방함기」(桐裏山泰安寺萬日會梵鐘檀那芳啣記) 등 모두 네 종입니다. 이번에 선학원에서 공개하는 조선불교 중앙선원 「방함록」 서문도 이들 네 글들 중 「해인사수선사방함인」(海印寺修禪社芳啣引)의 서문을 재수록한 것이라 할 수 있습니다. 이 글은 『경허집』에 실린 서문을 거의 그대로 싣고 있습니다. 그런데 서문에는 2962년에 을해년 7월 보름이라고 되어 있으나 본문에는 2961년부터 참여자 명단이 실려 있습니다. 아마도 서문은 그 이듬해에 만공이 호서로 돌아가기 전에 덧붙인 것으로 생각됩니다.

세존 응화 불기 2962년 1월. 이강(이후).

안거방함록. 중앙선원.

불기 2962년 을해 1월 이강. 안거방함록. 중앙선원.

방함록서.

방함을 인용하여 글을 쓰는 까닭은 <뒷> 사람에게 보이기 위함입니다. 뒷사람에게 보이기 위함이라는 것은 어떤 뜻인가? 몸체는 물거품과 가깝고; 목숨은 바람 앞의 등불처럼 위태로우니, (무상을) 경책하고 부지런히 정진할 줄 아는 자는 누구인가? 법의 성품은 본래 공하고 ; 지혜의 햇빛은 길이 밝으니 깨달음에 들어갈 수 있는 자는 곧 누구인가? 뒷사람이 지금사람을 보는 것이 마치 지금사람이 옛사람을 보는 것과 같고 ; 또 뒷사람이 뒷사람을 보는 것이 또한 지금사람이 뒷사람을 보는 것과 같음을 분명히 지적할 수 있음이로다. 아, 이 수선사에 안거하는 이는 가히 거울삼아 경계할진저. <기해년(1899) 4월 여름 안거 시작하던 날.> 호서로 돌아가는 병든 승[납자] 경허 성우는 쓴다[삼가 기록한다].

방함. 방함. 어떤 것이 방함인가. 이같은 방함은 천겁을 구름같이 지나고 뜻을 세상에 밝디 밝게 펼치는 것입니다. 쯧. 불기 2962년 을해 칠월 보름. 두 번째로 호서로 돌아가는 선객 만공월면.

(표지 : 世尊應化 佛紀 二九六二年 一月 日. 以降. 安居 芳啣錄. 中央禪院.
내지 : 佛紀二九六二年 乙亥 一月 以降. 安居芳啣錄. 中央禪院.
서문 : 芳啣錄序. 引書芳啣所以然者, 示<後>人也. 示後人也者, 以何意也? 身隣泡漚; 命危風燈, 知策勤者, 是誰也? 法性本空; 慧日長明, 能悟入者, <又>是誰也? 後之視今, 猶今之視昔也; 後之視後, 又猶後之視今也. 持點得分明矣. 嗚呼! 居此社者, 可以鑑戒也哉. <己亥之 陽月 始安居日> 湖西歸 納[病禿] 鏡虛惺牛 書[謹之].
芳啣. 芳啣, 以何芳啣?, 如是芳啣, 歷千劫雲雲, 宣義世昭昭. 咄. 佛紀二九六二年. 乙亥. 七晦. 第二 湖西歸客 滿空 月面.)

* 경허 초서 대비『경허집』수록분 : 〈〉 : 삽입. [ ] : 수정. ( ) : 보충역

방함록 기이. 불기 2969년 7월 일. 중앙선원.

제1권은 제2권과 같이 굳이 '기일'(其一)이란 권차를 달지 않고 있습니다. 아마도 이전의 단절된 전통을 잇기 위해 새롭게 출발한 선학원의 중앙선원이기에 그러했을 것입니다. 제1권은 선학원 중앙선원이 재단법인으로 인가받은 불기 2961(1934)년 동안거가 끝나는 1월로부터 시작하여 2968(1941)년 신사년까지 8회의 동안거 참여자를 기록하고 있습니다. 동안거를 마친 만공은 을해년 7월 그믐날에 호서로 돌아가면서 이 글을 적고 있습니다.

서문 끝머리에 쓴 '제이 호서귀객 만공 월면'이란 표현에 따

르면 스승 경허에 이어 '두 번째로' 호서로 돌아가는 객승으로 자신을 표현하고 있을 정도로 '첫 번째로' 호서로 돌아간 경허에 대한 깊은 존경과 훈습의 염을 깊게 드러내고 있습니다. 권2 역시 1권에 이어 같은 경허의 서문을 달고 있습니다. 2권은 2969(1942)년 임오년 7월부터 2992(1965)년 을사년 하안거 참여자의 명단까지 기록하고 있습니다.

1997년 9월 선학원 중앙선원 3층 법당 서고에서 발견된 두 권의 방함록 앞에 붙은 서문은 경허의 「해인사수선사방함인」(海印寺修禪社芳啣引)의 서문을 그대로 원용한 것입니다. 재단법인으로 인가받은 선학원 중앙선원이 1934년부터 1965년까지 동/하안거에 수선 정진한 스님 및 보살들을 기록해 놓은 중앙선원 방함록 두 권은 한국불교 현대사를 이해하는 귀중한 자료라 할 수 있습니다. 이 제2권은 불기 2969 (1941)년 7월에 기록된 것으로 보아 하안거 해제일쯤에 기록한 것입니다.

조선조 불교는 태조에 의해 고려 이래 11종이던 종단이 7종이 되고, 다시 세종에 의해 7종이던 종단이 선교 양종으로 통폐합된 뒤 연산군과 중종 이래 무종 무파 시대를 경험하게 되었습니다. 지난 오백여년에 걸친 악법 도성출입금령이 선말 한초에 이르러 해제되면서 가까스로 원종(圓宗)을 개종하였으나 이내 일본인들의 꼬임에 속아 조동종에 매종(賣宗)됨으로 인해 대한 조계종 측에서는 임제종(臨濟宗)을 다시 창종하였습니다. 이후 대한불교는 강고한 조선총독부의 사찰령(寺刹令, 1911)에 따른

각종 규제에 의해 두 개의 교단이 등장하는 갈등을 경험하였습니다. 뒤이어 종단이 통합되기는 했으나 쇄락할 대로 쇄락한 대한불교를 쇄신시키기 위해 선학원이 발족되었습니다.

선풍을 진작시키려 했던 선학원은 조선불교 부인선원을 신설(1931년)하여 선객과 보살들을 지도함으로써 선법의 외연을 크게 넓히기 시작했습니다. 이번에 다시 공개될 중앙선원 방함록 두 권 중 제1권은 1934년 동안거부터 1941년 동안거까지 8년간의 참여자들을 기록하고 있고, 제2권은 1942년 하안거부터 1965년 하안거까지 24년간의 안거 참여자들을 적어 놓고 있습니다. 하여 이 두 권에 적힌 32년 동안의 선학원 안거(동/하안거) 참석자들의 직명과 인명은 대한불교사 기록의 중요한 역사적 사료가 된다고 할 수 있습니다. 두 방함록은 앞장 모두에는 경허의 '방함록서'가 기록되어 있고 본문에는 안거시 선방의 소임과 해당 소임자의 법명이 적혀있습니다.

특히 본문은 선학원 초대 이사장을 역임했던 만공(1871~1946)이 수년간 주실(籌室, 祖室)로서 선객과 보살들을 지도하여 선의 대중화에 진력했음을 보여주고 있습니다. 만공은 조선불교의 중흥을 위해 조직된 조선불교 중앙선원인만큼 스승 경허의 치열한 가풍이 투영된 해인사 수선사의 정신을 계승하고자 했을 것입니다. 선학원 운동에 참여한 적이 없는 경허의 글 '방함록서'가 붙어있는 것은 경허의 제자인 만공이 선학원 초대 이사장을 역임하면서 「해인사수선사방함인」(海印寺修禪社芳啣引)

의 서문을 따왔기 때문인 것으로 보입니다. 만공은 평소 경허의 육필 초고를 보관하고 있었기에 서문을 '새로 쓸 필요가 없다고 판단하고' '해인사 수선사' 부분은 삭제한 채 '방함록서' 이하 부문만 따온 것으로 추정됩니다. 우선 만공은 해인사 수선사 정신의 지향과 선학원 중앙선원의 지향이 다르지 않았다고 판단했던 것으로 보입니다. 이것은 서문속의 해인사 수선사의 '사'(社)를 고치지 않고 그대로 쓴 것에서 확인됩니다.

또 초고와 달리 『경허집』에는 호서로 돌아가는 '납자'(衲)가 '병독'(病禿)으로 되어 있고, 경허 성우가 '쓰다'(書)는 '근지'(謹識)로 되어 있습니다. 아울러 '우'자가 삽입되어 있고, 간기라 붙어 있습니다. 이는 경허가 쓴 초고 '방함록서'와 다시 수정해 쓴 '재고'의 차이라고도 볼 수 있을 것입니다.

서문이나 기문에 반드시 '간기'를 붙이는 경허의 글쓰기 방식으로 보아 이 방함록은 예외적인 것이라 할 수 있습니다. 때문에 이 '방함록서'는 현재의 『경허집』에 준해서 볼 때 '간기'(刊記)를 붙이지 않은 '초고'일 수도 있고, 아니면 다른 사람이 경허의 글 중 필요한 부분만 취하여 다시 쓴 것일 수도 있습니다.

그렇지 않다면 『경허집』(극락선원 간)의 집성자가 경허의 뜻을 그르치지 않는 범위 내에서 임의로 첨삭하여 중앙선원 방함록의 취지에 맞게 고친 것일 수도 있습니다. 그 예는 이미 『경허집』의 서문에 나와 있는 것처럼 만공이 만해(1879~1944)에게 자신의 선사 경허의 행장을 전하면서 '잘못된 글자와 빠진 글자가 있을 것이니 잘 교열해 주고 또한 서문을 부탁하오'라고 청하고 있는 대목에서도 추정할 수 있습니다.

이후 만해 혹은 『경허집』의 집성자들 중 누군가가 경허의 육필에다 첨삭을 가한 것일 수도 있습니다. 이것은 1943년 선학원에서 간행된 『경허집』 속의 「해인사수선사방함인」(海印寺修禪社芳啣引)과의 출입에서 확인됩니다. 하여튼 이 방함록이 빠른 시일 내에 널리 유통되어 한국불교현대사의 연구에 자양분이 되기를 기원합니다.

북한 선역본 팔만대장경

남북이 물리적으로 갈라선 지 오십 여 년입니다. 반세기 동안의 이 문화적 별거는 낯선 이질감을 자아내었습니다. 지금까지 북한 정부는 종교를 '아편'이라 여기고 '주체'를 정체성으로 삼아 민족문화를 철저히 자기식대로 개량화하였습니다. 때문에 문화의 근간이 되는 언어문화 속에는 전통문화의 뿌리와는 출입이 있는 생경한 술어들을 유포시키기도 했습니다.

하지만 인류의 가장 위대한 발명품인 종교의 문화유적은 아편이라는 규정 아래서도 그 나름대로의 문화적 내포와 외연의 지평을 넓혀 왔습니다. 그 내포와 외연은 불교와 유교 문화의 지형이 크게 자리잡아 왔습니다. 분단 이래 처음으로 간행한 '북역' 『삼국유사』(리상호)와 『삼국사기』(리상호) 그리고 『리조실록』(1970년대 중후반)과 『팔만대장경해제』(1987) 등은 '주체'를 기반으로 한 성취이며 그 문화적 기반에는 이러한 불교와 유교 문화가 자리해 있습니다.

북한판 『팔만대장경해제』(전25책)는 남한에서 다시 복각(전15책+색인 1책) 영인되었습니다. 뒤이어 『팔만대장경 : 선역본』(전17책, 1993~ 1994)이 남한의 고려대장경연구소에서 지난해 영인되었습니다. 짧은 기간에 이만한 성취를 이뤄낸 것은 북한 사회과학원 민족고전연구소 소속 한문학자들(50여명)의 기동력과 순발력에 의해서였습니다.

남한 역시 곧바로 복각본을 영인하여 그 성취를 발빠르게 흡수하고 있습니다. 번역을 '과외의 일부분'으로 치부하는 남한의 학문 풍토에 북한의 번역 정책과 학자들의 노력은 우리에게 타산지석임이 분명합니다. 비록 그들이 전문 불교학자는 아니라 하더라도 대중들이 쉽게 읽을 수 있는 '일상어'를 구사하고 있다는 점은 눈여겨 볼 대목이라 할 수 있습니다.

『팔만대장경 : 선역본』은 경론 일부분의 집성이지만 주요 경(율론)교를 대부분 망라하고 있습니다. 제1~제3책에는 붇다의 전기를 경전화한 『불본행집경』(전60권)이 전재되어 있습니다. 제4책의 『비화경』(10권), 『잡보장경』(10권), 『법구비유경』(4권), 『백유경』(4권)과 제5책의 『불설장아함경』(22권)은 경전 성립사에서 비교적 초기에 이루어진 불경들을 집성하고 있습니다.

제6책은 『묘법연화경』(7권)과 『대반열반경』(1~8권)을, 제7~제8책은 『대반열반경』(9~40권)을, 제9~12책은 『대방광불화엄경』(60권)을, 제13책은『금강반야바라밀경』,『유마힐소설경』(3권),『대방광원각수다라요의경』,『금광명최승왕경』(10권),『불설미륵하생경』,『불설아미타경』,『대비로자나성불신변가지경』(7권)을, 제14~15책은『미사색부화혜오분률』을, 제16책은『근본설일체유부비나야약사』(18권)와『범망경노사나불설보살심지계품』(2권)을, 제17책은『중론』(4권),『대승기신론』,『금강삼매경론』(3권)이 실려 있습니다.

이렇게 보면『선역본』의 구성은 경전성립사를 기반으로 하면서도 경장, 율장, 논장을 총섭하고 있습니다. 이『선역본』은 해인사의『고려대장경』(재조)을 인간한 것으로 추정되는 묘향산 보현사의『팔만대장경』 보존고 소장의 밑본을 가려 뽑아 역주한 것으로 알려져 있습니다. 사회과학원 민족문화연구소는 먼저 이 보현사 보존고 인간본을 밑본으로 하여 '해제본'을 만든 뒤 다시 '선역본'을 만든 것입니다. 다만 보현사에 보관되어 있는 해인사『고려대장경』의 인간본 '전질'인지 아니면 '삼장' 내지는 대장경의 규모에 걸맞는 '일부'인지는 분명하지 않습니다. 고려판 재조대장경 판각이 한 부질이 분명한 이상 보현사의 팔만대장경 보존고에 목판본이 보관되어 있지 않음은 분명해 보입니다.

제1책에 실린 '머리말'에 따르면 "오늘 내놓은 선역본은『팔만대장경』 가운데서 지난 시기 우리나라의 불교발전과 관련이 있는 중요 경전과 각종불교를 이해 또는 연구하는 데서 참고자

료로 될 만한 경전들을 선택하여 모두 22종, 294권을 번역하고 그것을 17책으로 묶었다"고 말하고 있습니다.

'일러두기'에서도 "주체성·합리성·실용성의 원칙에서 지난 시기 우리나라에 비교적 널리 알려진 불경과 이름 있는 3장의 중요한 각종 경전들을 선택 번역하였다"고 명시하고 "역사성, 과학성의 원칙에서 원전의 내용을 가감함이 없이 원문의 뜻을 그대로 살려 원전에 손색이 없도록 번역하기 위하여 힘썼다"고 말하고 있습니다. 아울러 "경전의 이해를 돕기 위하여 해당 번역본의 첫머리에 간단한 해제를 달아주고 있습니다".

『선역본』은 특히 용어, 표기, 주해(및 주석), 게송(종수), 한글 전용 등등의 일관된 번역 원칙을 지키고 있습니다. 몇 가지 특징을 살펴보겠습니다.

첫째, 우리말의 역동적인 활기를 살리기 위해서 기본 개념을 명사를 옮기지 않고 '동명사'로 옮기고 있습니다. 이를테면 '있음'이 아니라 '있는 것', '생함'이 아니라 '생기는 것', '거침'이 아니라 '거친 것', '없음'이 아니라 '없는 것' 등으로 풀고 있습니다. 이러한 점은 특히 남한의 번역자들도 깊이 익혀서 받아들여야 할 문제입니다.

둘째, 번역문의 편의를 도모하기 위하여 원문의 소주(割註)는 [ ] 안에, 역자의 주해는 ( ) 안에 넣어 풀어주고 비교적 긴 해석을 요하는 술어들은 '주석'을 달아 매 책의 뒤에 가나다라 순으로 따로 묶어주고 있습니다.

셋째, 각 품속에 들어있는 게송 수를 품명 밑에 괄호 처리하여 소개하고 있습니다. 이를테면 「관인연품」의 품명 아래에다 괄호(16개의 게가 있다) 안에 소개하고 있습니다.

넷째, 북한의 모든 저작이 그렇듯이 두음법칙을 무시하고 있습니다.

다섯째, '국역'의 정의처럼 가능한 한 우리말로 풀이하되 그렇지 않은 것은 한자 병기 없이 '음'만을 취하여 한글 전용으로 통일하였다. 이는 괄호 속에 한자를 일부 부기한 『해제본』과는 변별되는 특징입니다.

더욱 더 나은 작업을 위해 지닌 '흠' 몇 가지를 지적해 보겠습니다. 『선역본』은 1) 불교학 전공자들이 가세하지 못하였다는 점입니다. 그 결과 2) 잘못된 번역(오역) 및 빠뜨린 번역(결역) 부분이 많다는 점입니다. 음독을 넘어 훈독을 하는 과정에서 3) 부사가 남용된 점입니다.

이러한 몇 가지 아쉬운 점이 이 『선역본』의 역사적 의미를 결코 반감시키지는 않습니다. 『선역본』은 몇 가지 단점보다 여러 가지 장점이 깃들여 있는 학문적 성취이기 때문입니다. 북한의 학자들에게 번역의 중요성과 더불어 민족문화에 대한 애정을 불러일으켰다는 점은 주목할 만한 것입니다.

에필로그 :

붇다, 새로운 삶의 전형

1. 자각[苦] : 불교학은 위기를 맞이했는가

모든 문제는 '자각'에 의해 제기됩니다. 자각이 없으면 원인도 알기 어렵습니다. 때문에 '문제'라는 자각이 없이 해당 '팩트'(사실)의 '문제'를 해결할 수는 없습니다. '문제'는 자각에 의한 화두이자 의단이기 때문입니다. 그러므로 모든 문제는 문제의 해소를 위해서 제기되는 문제의 자각일 수밖에 없습니다. 그러면 우리가 직면하고 있는 문제는 무엇인가요. 문제를 자각하게 하는 근거는 어디에 있는가요.

최근 인문학의 위기 담론이 우리 지식 사회에 폭넓게 제기되었습니다. 이에 불교(학)의 위기 담론도 일부 불교계에서 제기되었습니다. 이러한 제기자들의 공통점은 한결같이 팩트의 '안'이 아니라 '밖', '자기'가 아니라 '남'에게서 문제를 찾고 있습니다. 즉 그들은 '스님과 신도의 수적 감소', '대학 내 관련 전공자의 수적 감소', '관련 학과 수적 감소' 등을 그 근거로서 제시합니다. 하지만 불교(학)는 과연 위기를 맞이했을까요. 인문학의 정수이자 한국학의 원류인 불교학은 종래의 위상이 '붕괴'되고 영역이 '축소'되었을까요.

이러한 위기 담론은 과거에도 있어왔습니다. 모든 학문의 기반인 인문학이 온전히 소임을 하지 못할 때 반성과 성찰의 담론으로 제기된 적이 있었습니다. 즉 시대를 이끌던 인문학이 선두자리를 내 주었다는 진단 아래 종종 지적되었습니다. 다시 말해서 인간다움에 대한 논구인 문사철과 어학이 제 역할을 하지 못할 때 인문학자들은 모두 위기 담론에 휘둘렸습니다. 결론은 그러한 문제를 제기한 몇몇 인문학자들의 위기로 치부하며 이내 마무리 되었습니다.

물론 학문 그 자체에 위기가 있을 수는 없습니다. 해당 학문이 아무리 특수 영역이라 하더라도 그것이 학문으로 성립하는 한 반드시 존재이유는 있는 것입니다. 더욱이 해당 학문이 '학문적 진실의 탐구'와 '종교적 수련의 과정'을 지니고 있는 체계라면 일시적인 상업 논리에 휩쓸릴지언정 수요와 공급의 장이 사라지는 것은 아닙니다. 뿐만 아니라 불교(학)가 '새로운 삶의 전형'인 '붇다'가 되는 수행체계를 지니고 있다는 점을 고려한다면 문제는 또 달라집니다.

2. 진단[集] : 불교학의 소통 부재와 사회의 다변화

불학은 붇다가 발견한 중도 연기의 학문적 체계입니다. 때문에 불교인들이 동아시아 불학이 지니고 있는 계정혜(戒定慧) 삼학의 수지, 불도유(佛道儒) 삼교의 교섭, 문사철(文史哲) 삼학의 통효, 선교(禪敎) 화회의 특징을 온전히 수렴하지 못하는 한 불교(학)의 소통은 쉽지 않을 것입니다. 어쨌든 불교(학)의 위기 담론이 엄존한다면 거기에는 분명히 원인이 있을 것입니다. 그 원인은 과연 무엇일까요.

붇다는 삶의 한복판에서 부딪치는 생사 문제를 소통의 문제로 진단했습니다. "인간은 어디에서 와서 어디로 가는가. 태어나는 곳은 어디이고 돌아가는 곳은 어디인가. 우리는 진정 다시 태어나지 않을 수 있는가. 그리하여 영원한 대자유인으로 살 수는 없는 것인가." 이러한 문제의식 끝에 싣다르타는 출가하였고 자기와의 싸움에서 승리하여 생(로병)사로부터 비롯된 윤회를 벗어났습니다. 그리고 '새로운 삶의 전형'으로서 '붇다'의 길을 몸소 보여 주었습니다.

그의 깨침은 보편적인 언어로 표현되어 붇다의 가르침이 되었습니다. 붇다는 그 시대의 문제를 그 시대의 언어로 표현했습니다. 그 시대 사람들의 '이해'와 '요구'에 부응하여 그들에게 '안락'과 '이익'을 가져다 주었습니다. 그리하여 '처음도 좋고 중간도 좋고 끝도 좋고, 그리고 의(義)와 문(文)을 갖춘 법'을 설하였습니다. 이와 달리 인문학자들은 붇다처럼 그의 가르침을 온전히 살려내고 있지 못하고 있습니다. 더러는 언어에 갇혀서 더러는 시대정신을 등지면서 말입니다.

불학과 불교학의 차이도 바로 이 점에서 이루어집니다. '전승불학'과 '개신불교학'의 학자군들은 다변화된 사회의 요구에 부응하지 못하고 있습니다. 때문에 청자와 화자, 저자와 독자 간의 소통이 원활하지 못하고 있습니다. 불교인들은 붇다가 보여준 것처럼 보편적인 문제의식을 소화하지 못하고 자신들의 문제 속에서만 살아왔습니다. 그리하여 우리의 불교학은 독자와 청자가 적은 좁은 영토의 학문이 되었습니다. 그 결과 살아 있는 독자와 눈 밝은 청자를 만나지 못해 오고 있습니다.

3. 치유[滅] : 인간학과 고전학을 통섭한 불교학

불교학은 인문학입니다. 동시에 인간학이자 고전학입니다. 인간의 삶과 생각은 무진(無盡)의 가로줄과 중중(重重)의 세로줄

이 만나는 '사건'으로 표현됩니다. 그리하여 사건들은 인간의 본래성에 대한 연구인 가로의 인간학과, 보편적 인간상에 대한 논구인 세로의 고전학으로 통섭됩니다. 때문에 인간학과 고전학을 통섭한 인문학·불교학은 있는 것과 있어야 할 것 사이의 거리의 최소화를 지향합니다. 그리고 살아있는 것들의 생물학적 조건의 동일성을 탐구합니다.

인문학은 인간의 무늬와 향기와 가풍이 스며있는 인간 본래의 바탕을 그려내는 작업입니다. 뿐만 아니라 인문학은 인간학과 고전학을 통섭하는 인간다움에 대한 연찬입니다. 이러한 인간다움에 대한 논구는 스스로의 삶 속에서 체득한 깨달음의 이야기로부터 시작됩니다. 해서 인문학은 자기 분야에서 오랫동안 숙성시키고 발효시켜 온 지혜를 온전히 드러내야만 합니다.

그러기 위해서는 무엇보다도 삶의 한복판에서 지혜의 활로를 활발발(活鱍鱍)하게 열어 인문학의 담론을 생산해 내야만 합니다. 그것은 곧 자신의 삶 속에서 무릎을 치며 터득한 통찰의 메시지를 이 시대의 살아있는 보편적인 언어로 드러내는 일입니다. 그리고 그것은 인간의 향기와 무늬와 가풍이 배어있는 인간다움의 창출을 위해 정진하는 일입니다.

모든 존재가 변화한다는 것은 불변의 진리입니다. 그런데 이 변화는 기회가 됩니다. 인문학과 불교학이 과거의 위상이 '축소'되고 '붕괴'되고 있다면 이것 역시 변화요 기회가 됩니다. 다시 말해서 종래의 것이 붕괴된다는 것은 위기이기도 하지만 한편으로는 더 나은 상황을 만들 수 있는 기회라고 할 수 있습니다. 이 기회는 문제의 자각[苦]에 의한 진단[集]과 그것에 의한 올바른 처방[道]에 따라 치유[滅]에 이를 수 있습니다.

4. 처방[道] : 불학의 장점을 불교학에 담아내자

나는 인문학·불교학은 희망과 비전의 학문이라고 생각하고 있습니다. 그러면 우리는 비전의 학문을 어떻게 펼칠 것인가요. 우선 생(로병)사 문제를 해결하고 부처가 되려는 것이 수행자들의 목적이듯이, 불(교)학자들도 성불하기 위한 방편으로 불학을 한다는 생각을 견지해야 합니다. 그리하여 '과학적·합리적·분석적'인 문헌학과 해석학 및 지역학 등의 기반에서 태동된 '개신 불교학'이 '학문적 진실의 탐구'와 '종교적 수련의 과정'이 분리되지 않았던 '전승 불학'의 장점을 좀 더 적극적으로 흡수해야 합니다.

이를테면 술이부작(述而不作)의 사관 속에서도 '술'(述)을 통해 '작'(作)을 한 공자처럼 재가불교학자들이 '고'를 살펴 '신'을 아는 온고지신(溫故知新)을 통해 자기 철학을 하는 것입니다. 우선적으로 중요한 것은 불교에 대한 종합적인 사유를 통해 자신의 철학을 입론해 왔던 교상판석(敎相判釋)의 전통을 창조적으로 수렴하는 일입니다. '가장 나중에 오는 장작이 제일 위에 오는'[後來居上] 것으로 변질되기는 했지만 교판은 여전히 동아시아 불교 이해를 위한 지름길이라고 하지 않을 수 없기 때문입니다.

동시에 원효가 해왔던 격의(格義)의 방식을 창조적으로 수렴하는 일입니다. 격의가 '새로운 외적 사태를 자내의 고유한 틀을 빌어 이해하는 방식'인 것처럼 이 시대에도 새로운 격의가 필요합니다. 그리하여 불교고전어인 범파장한(梵巴藏漢)을 이 시대의 우리 한국어로 옮겨내는 노력이 있어야 합니다. 자신의 내면 속에서 오랫동안 발효 숙성시킨 개념으로 자신의 철학을 새롭게 입론해 가는 것입니다. 불교의 사대 명절을 '부처님 되신 날'(성도절), '부처님 서신 날'(출가일), '부처님 가신 날'(열반일), '부처님 오신 날'(탄신일)로 옮겨 내듯이 말입니다.

아울러 사대 성지를 '부처님 오신 곳'(룸비니), '부처님 되신 곳'(부다가야), '부처님 펴신 곳'(사르나트), '부처님 가신 곳'(구시나가라)으로 옮겨 내고, '공'(空)을 '꽉 차고도 텅 빈' '찬빈'으로, '진여'[眞如]를 '참으로 그러한' '있는 그대로'로, '열반'[涅槃]

을 '마음의 평화'인 '욕망의 소멸'로 옮겨내는 것처럼 말입니다. 불교(학) 연구에서 무엇보다 급한 일은 '말'(언어)과 '글'(문자)에 대한 인식의 전환입니다. 바로 이러한 전제 위에서 우리가 해야 할 일은 이 시대의 살아있는 우리말로 불교학을 하는 일입니다.

저자 : 고영섭(高榮燮)

동국대학교 불교학과와 같은 학교 대학원 불교학과 석·박사과정을 졸업하고 고려대학교 대학원 철학과 박사과정을 수료하였다. 고려대학교 민족문화연구원 연구교수를 거쳐 동국대학교 불교학과 교수로 재직하고 있다. 2002년 3월부터 <대발해동양학한국학연구원 한국불교사연구소>를 개설하여 동양학 한국학 강의를 하고 있으며, 인문학계간지 『문학 사학 철학』 편집주간을 맡고 있다. 현재 불교방송 인터넷 텔레비전에서 <파워특강 : 고영섭의 한국불교사>를 강의하고 있으며, 인터넷신문 『불교저널』에 <고영섭 교수의 원효에세이>를 연재하고 있다. 저서로는 『한국불학사』 1, 2, 3, 4, 『한국불교사』, 『나는 오늘도 길을 간다 : 원효, 한국사상의 새벽』, 『원효탐색』, 『한국의 사상가 10인 : 원효』, 『한국철학자 15인 이후 : 원효 이후』, 『원효, 중생의 마음속에 심은 부처의 가르침』 등 20여권이 있다. 1998~1999년 월간 『문학과 창작』 2회 추천 완료(신인상)로 등단하였으며 시집으로는 『몸이라는 화두』, 『흐르는 물의 선정』, 『황금똥에 대한 삼매』, 『바람과 달빛 아래 흘러간 시』(근간) 등이 있다.

불교적 인간 호모 부디스티쿠스

1판 1쇄 찍음 • 2010년 5월 10일
1판 1쇄 펴냄 • 2010년 5월 20일

저 자 • 고 영 섭
발행인 • 정 현 걸
발 행 • 신 아 사
인 쇄 • 성실인쇄

출판등록 • 1956년 1월 5일 (제9-52호)
서울특별시 은평구 녹번동 28-36번지(2F)
전화 (02)382-6411 • 팩스 (02)382-6401
홈페이지 • www.shinasa.co.kr
E-mail • shinasa@chol.com

ISBN : 978-89-8396-676-6

정가 *12,000* 원